Livre-se do elefante cor-de-rosa

Livre-se do elefante cor-de-rosa

LIÇÕES PRÁTICAS E DIVERTIDAS PARA SE COMUNICAR
BEM NO TRABALHO E NO COTIDIANO

Bill McFarlan

Tradução
Rosane Albert

EDITORA CULTRIX
São Paulo

Título original: *Drop the Pink Elephant*

Copyright © 2003, 2004 Bill McFarlan

Todos os direitos reservados. Tradução autorizada da edição em inglês publicada pela Capstone Publishing Ltd. (Wiley Company)

Ilustrações © Phil Williams

Nenhuma parte deste livro pode ser reproduzida ou usada de qualquer forma ou por qualquer meio, eletrônico ou mecânico, inclusive fotocópias, gravações ou sistema de armazenamento em banco de dados, sem permissão por escrito, exceto nos casos de trechos curtos citados em resenhas críticas ou artigos de revistas.

A Editora Pensamento-Cultrix Ltda. não se responsabiliza por eventuais mudanças ocorridas nos endereços convencionais ou eletrônicos citados neste livro.

Dados Internacionais de Catalogação na Publicação (CIP)
(Câmara Brasileira do Livro, SP, Brasil)

McFarlan, Bill
    Livre-se do elefante cor-de-rosa : lições práticas e divertidas para se comunicar bem no trabalho e no cotidiano / Bill McFarlan ; tradução Rosane Albert. -- São Paulo : Cultrix, 2006.

    Título original: Drop the pink elephant.
    ISBN 85-316-0947-X

    1. Comunicação interpessoal I. Título.

06-5603
                   CDD-153.6

Índices para catálogo sistemático:
1. Comunicação interpessoal : Psicologia aplicada 153.6

O primeiro número à esquerda indica a edição, ou reedição, desta obra. A primeira dezena à direita indica o ano em que esta edição, ou reedição, foi publicada.

Edição	Ano
1-2-3-4-5-6-7-8-9-10-11	06-07-08-09-10-11-12-13

Direitos de tradução para a língua portuguesa
adquiridos com exclusividade pela
EDITORA PENSAMENTO-CULTRIX LTDA.
Rua Dr. Mário Vicente, 368 — 04270-000 — São Paulo, SP
Fone: 6166-9000 — Fax: 6166-9008
E-mail: pensamento@cultrix.com.br
http://www.pensamento-cultrix.com.br
que se reserva a propriedade literária desta tradução.

Dedicatória

Este livro é dedicado a:

Meu pai e minha falecida mãe, cujo amor e segurança a mim transmitidos me ensinaram a viver um otimismo realista.

Minha mulher, Caroline, cujo estímulo carinhoso tem me orientado da mesma maneira durante 25 anos, tanto nos sucessos quanto nos reveses.

Meus filhos, Victoria, Emma e Andrew, cuja tolerância à minha obsessão pelo Elefante Cor-de-Rosa é mérito de cada um deles.

Que eles possam — e mais todos aqueles que lerem este livro — se beneficiar por compartilhar comigo dessa obsessão.

E um agradecimento especial a Caroline e Victoria, pela revisão acurada de provas que fizeram para garantir que este livro seguisse os meus princípios, tanto na pontuação e na gramática quanto na clareza.

Muito obrigado também a John Moseley e a toda a equipe da Wiley-Capstone por acreditarem neste livro e pela oportunidade que criaram para que eu pudesse compartilhar meus princípios com o mundo.

Sumário

Os dez mais entre os elefantes cor-de-rosa	**9**
Prefácio	**11**
Introdução	**13**
SEÇÃO UM: Descarregue a bagagem para arejar o texto	**17**
1 Livre-se do elefante cor-de-rosa	19
2 Toda imagem conta uma história	28
SEÇÃO DOIS: Tenha princípios ao se expressar	**37**
3 Mantenha-se na estrada	39
4 "Desculpe-me" parece a expressão mais difícil de dizer	46
5 Mais vale uma verdade indigesta do que uma mentira inofensiva	60
6 Obrigado pelo trabalho bem-feito	67
7 Quando se faz uma crítica em público, quem é que fica parecendo um idiota?	73
SEÇÃO TRÊS: Imponha-se de maneira positiva	**85**
8 Descarte as palavras que enfraquecem a sua mensagem	87
9 Fale bem a seu respeito	100

SEÇÃO QUATRO: **Pense nos ouvintes** — **113**

10 Tudo é relativo — 115
11 E-mail e texto — Balas e bumerangues — 126
12 Três perguntinhas — 134

SEÇÃO CINCO: **Propicie um entendimento mais profundo** — **143**

13 Primeiro ouça para poder entender — 145
14 Palavras poderosas — 153
15 Pense, fale, aja ... e então conte para o mundo — 158

Apêndice: O que as suas palavras contam sobre você? — **168**

Os dez mais entre os elefantes cor-de-rosa

Retire simplesmente a palavra em **negrito** para revelar a imagem criada pela frase.

*"Eu **não** tive relações sexuais com essa mulher, a srta. Lewinsky."*
Bill Clinton, presidente dos Estados Unidos, em janeiro de 1998, sobre o seu relacionamento com a estagiária da Casa Branca. Dez meses depois ele pediu desculpas por ter enganado o povo norte-americano com suas declarações

*"Eu **não** violentei Ulrika. Eu **nunca** violentei ninguém."*
Um conhecido apresentador da televisão britânica, cujas negativas foram rapidamente sucedidas pelas acusações de muitas outras mulheres

*"**Não** pode haver acobertamentos na Casa Branca."*
O presidente norte-americano Richard Nixon, que renunciou à presidência por causa de ... um acobertamento na Casa Branca

*"A decisão de contar a minha história **não** teve a ver com dinheiro."*
Paul Burrell, ex-mordomo da princesa Diana, que vendeu sua história para o *Daily Mirror* por supostas 300.000 libras

*"Esta **não** é uma guerra contra o Islã."*
Tony Blair a respeito da Guerra contra o ... terrorismo

*"Devo declarar de uma vez por todas que **não**
sou o pai do (príncipe) Harry."*
James Hewitt sobre a crescente semelhança entre o filho
mais novo da princesa Diana e o antigo amante dela

*"Eu **não** sou grossa. Eu **não** sou uma vadia. Eu **não** sou uma chata."*
Helen Adams, participante do Big Brother em 2001,
falando de si mesma.
O público tirou suas próprias conclusões

*"**Não** uso drogas. **Não** dirijo quando bebo e **não** tenho
cinco filhos com três mulheres diferentes."*
Colin Hendry, ex-capitão do time de futebol escocês,
acusado apenas de ter dado uma cotovelada no adversário

*"Leiam meus lábios. **Não** haverá novas taxações."*
Presidente George Bush ... antes de aumentar os impostos

*"Isso **não** aconteceu. A história de Gennifer Flowers **não** é verdadeira."*
Bill Clinton, de novo, que posteriormente admitiu sob juramento
ter de fato mantido relações sexuais com a srta. Flowers

Prefácio

Trabalhei na televisão durante quase toda a minha vida profissional e conheci Bill quando ele passou a fazer parte da equipe do *Breakfast News* em 1991. Ficou bem evidente na ocasião que ele analisava cada palavra, cada entonação e cada trejeito de seu próprio desempenho ... e fazia a mesma coisa com seus entrevistados e colegas.

Eu percebi a razão disso quando passei a apresentar com ele alguns cursos de comunicação. O que ele extraía do que cada participante dizia ... e o que a pessoa realmente queria dizer ... era fantástico. Depois de adotar as regras dele, todos demonstravam uma melhora notável na capacidade para transmitir suas mensagens. *Livre-se do elefante cor-de-rosa* apresenta essas regras de modo prático e resumido para que sejam usadas por qualquer pessoa que queira causar mais impacto na própria vida, estabelecendo realmente um contato com os outros. Trata-se de uma leitura essencial para quem está interessado em se entender melhor com colegas, clientes, parentes e amigos.

Eamonn Holmes, *apresentador da GMTV*

Introdução

Vivemos momentos de agonia na hora de escolher as palavras certas para uma carta importante. A necessidade de redigir um relatório pode provocar em nós um bloqueio digno de um escritor. Até mesmo escrever umas frases num cartão-postal pode exigir nossa concentração na hora de escolher cuidadosamente as palavras.

Mas, quando conversamos, as palavras podem jorrar da nossa boca sem merecer de nós ao menos um pensamento sobre o impacto que causarão em quem está ouvindo. Passamos muito mais tempo falando do que escrevendo, e ainda assim raramente refletimos o bastante sobre as conseqüências da escolha que fizemos das palavras.

Este livro tem a intenção de mudar tudo isso.

Livre-se do elefante cor-de-rosa extrai suas conclusões daquilo que aprendi sobre comunicação em mais de um quarto de século trabalhando na mídia. Ele se baseia na minha carreira de jornalista, que iniciei como foca em jornais regionais e me levou a apresentar noticiários e programas de esporte para emissoras de rádio e TV, como a BBC, Sky Sports e Independent Television.

Isso me ensinou a escrever — e a falar e me comportar diante das câmeras — levando em consideração a reação do público a tudo o que eu fazia. A partir dessa experiência eu abri uma empresa de consultoria de mídia que tem ensinado muitas empresas importantes da Grã-Bretanha a redigir textos informativos sobre novos pedidos, lançamento de produtos, greves de indústrias, fechamento de fábricas e, tragicamente, até sobre falecimentos.

Até aí tudo bem. Temos a tendência natural de tomar cuidado com o que dizemos quando a comunicação é formal. Mas grande parte da nossa comunicação no trabalho e nas horas de lazer é informal. E é aí que começam a surgir as falhas.

Por isso eu precisei lutar, como todo mundo, com minhas fraquezas humanas, que constantemente põem à prova o que aprendi, e verificar se o meu trabalho é simplesmente expor a minha idéia de modo sucinto e elegante ou colocá-la realmente em prática no dia-a-dia. Apesar das ocasiões em que cometi erros tremendos — e foram muitos, como se verá —, compartilhei com alegria a minha experiência. Isso me ensinou, depois de muita reflexão, a ver os erros e consertá-los. A decisão de pôr em prática as lições deste livro ajudará você a evitar essa experiência dolorosa.

Muito do que eu sugiro é ter apenas bom senso, só que a maioria de nós só aprende o que é bom senso depois de passar por uma experiência ruim. Por isso, as regras simples que eu proponho, se aplicadas, vão ajudá-lo em muitas situações difíceis com clientes, colegas, parentes e amigos.

Embora a mudança do nosso comportamento seja uma experiência lenta e dolorosa, ainda que essencial se quisermos crescer como seres humanos, mudar nossa maneira de falar com as pessoas não só é algo que podemos fazer de imediato como é extremamente gratificante. Na verdade, é o primeiro passo necessário à mudança de comportamento.

Cada capítulo deste livro cobre uma área diferente do aperfeiçoamento de como devemos nos comunicar, mas todos eles estão relacionados. Por exemplo, usar uma linguagem positiva leva à eliminação da bagagem negativa que trazemos para nossa conversação. Evitar palavras que enfraqueçam a conversação, como "ter esperança de", "razoavelmente" e "inteiramente", "tentarei" ou "farei o possível", aumenta o tom de comprometimento da mensagem.

É impossível escolher a palavra certa, no momento certo, todas as vezes, mas aplicar as regras simples deste livro é muito fácil. Se existe alguma regra de ouro, ela é: use a cabeça antes de abrir a boca.

É como aprender a dirigir um carro. Primeiro, aprenda o Código de Trânsito para entender as suas regras. Em seguida, coloque essas regras em prática. É nesse ponto, certamente, que as coisas dão errado.

Por quê? Quase com certeza porque ignoramos o Código de Trânsito por alguns instantes. Assim como acontece ao dirigir, quando colocar as regras deste livro em prática, você sofrerá colisões e arranhões, muitas vezes provocados pela imprudência de outras pessoas.

Mas tenha paciência! E pratique sempre que tiver oportunidade. Pratique as teorias em entrevistas de emprego, nos encontros com clientes, em jantares de família, com amigos e colegas. Use-as no trabalho, no chope com os amigos e em casa. Aplique-as quando estiver na companhia de cada pessoa com quem você interage. Quanto mais aplicar essas regras, mais eficaz será o seu modo de se comunicar. O processo será tão automático quanto escovar os dentes. Na verdade, use este livro como se fosse seu fio mental.

E, acima de tudo, divirta-se aumentando sua capacidade de comunicação. Você logo notará que os outros vão lutar para competir com seu talento recém-descoberto. Você vai descobrir um novo "eu". Sutil. Persuasivo. Envolvente. Confiante. E deverá aproveitar toda oportunidade que aparecer para testar suas novas habilidades.

Seção Um

Descarregue a bagagem para arejar o texto

Capítulo 1

Livre-se do elefante cor-de-rosa

"Não *tive relações sexuais com essa mulher, a srta. Lewinsky."*
Bill Clinton, presidente dos EUA, janeiro de 1998

Minha amiga Susan estava de cama com gripe, mal podendo se levantar, mas atenta a qualquer barulho no quarto ao lado, para ter certeza de que o filho de dois anos estava bem. O silêncio era inquietante. Susan sentia que alguma coisa estava errada. Finalmente, descobriu o que era.

"David", ela chamou. Silêncio.
"David, você está se comportando?" Silêncio. Então a resposta:
"Eu **não** estou comendo meus lápis de cera, mamãe."

Susan pulou da cama e correu para o quarto ao lado, encontrando David, o carpete e as paredes cobertos de giz de cera meio mastigados.

As crianças bem pequenas mentem mal. Elas não são capazes de perceber que a negação de uma coisa que não foi questionada só serve para nos fazer questionar exatamente sobre o que estão negando. Quando crescemos, nos damos conta disso.

Será?

Citando Richard Nixon, presidente dos Estados Unidos, durante um comunicado feito pela TV à nação, em abril de 1973: "**Não** pode haver acobertamento na Casa Branca". Até aquele momento, o povo americano recusava-se a acreditar que o presidente tivesse tido qualquer conhecimento anterior da invasão da sede do Partido Democrático, localizada no Prédio Watergate. Essa única frase, ligando a Casa Branca ao acobertamento da invasão, inverteu o pensamento geral.

Certamente que um grande comunicador como o presidente Bill Clinton não cometeria o mesmo erro, 25 anos depois. Com certeza o homem cujas palavras tinham o poder de mudar o mundo ... com certeza o homem cujos pronunciamentos cuidadosamente escolhidos passavam pelo escrutínio dos melhores profissionais ... com certeza ele não seria tão inábil a ponto de ser pego de "calças curtas". Mas todos nos lembramos da frase infame: "**Não** tive relações sexuais com essa mulher, a srta. Lewinsky". Dez meses depois de fazer essa declaração na televisão, o presidente pediu desculpas por ter mentido ao povo americano.

Tente esta, então: "**Não** subi no aquecedor!"

Isso precisa de uma explicação melhor. Eu estava na cozinha da minha casa. Um decorador estava trabalhando no quarto do meu filho e de repente ouvi um barulhão. Esperando ver a escada de mão tombada sobre o decorador, fiquei surpreso e aliviado ao encontrar os dois em pé. O radiador de aquecimento, entretanto, estava virado e a água esguichava em todas as direções.

Sem ter sido questionado, o decorador foi logo dizendo: "**Não** subi no aquecedor!"

Senhoras e senhores do júri, posso afirmar a vocês que a negativa dele foi na verdade uma confissão involuntária. Quem sugeriu que ele tinha subido no aquecedor? Apenas ele mesmo!

Juntas, todas essas negativas têm um traço em comum:

- "Eu **não** estou comendo meus lápis de cera."

- "**Não** pode haver acobertamento na Casa Branca."

- "**Não** tive relações sexuais com essa mulher ..."

- "**Não** subi no aquecedor."

Em conclusão, senhores e senhoras:

1   Em vez de ser uma resposta direta a uma provocação, essas negativas foram inteiramente voluntárias.

2   Observem como a palavra de negação, "não", é transparente. Automaticamente a examinamos em busca do significado real.

3   Elas suscitam imagens claras: "comendo meus lápis", "acobertamento na Casa Branca", "relações sexuais com essa mulher" e "subir no aquecedor".

Usar negativas sem motivo nenhum é, para mim, a maior falha que demonstramos nas conversas. Para localizá-las mais facilmente, dei a elas um nome. São os nossos Elefantes Cor-de-Rosa. Cada um deles é destacado neste livro, acompanhado da negativa transparente, para ajudar você a localizá-los em todas as conversas que tomar parte ou que ouvir.

Se eu dissesse a você agora: "**Não** pense num Elefante Cor-de-Rosa", o "**não**" desapareceria, deixando-o com a clara imagem de um Elefante Cor-de-Rosa. Da mesma forma, se eu lhe dissesse "**Não** pense em seu chefe nu", essa seria a imagem que primeiro lhe viria à mente.

Assim, um Elefante Cor-de-Rosa é uma negativa desnecessária e, na maior parte das vezes, gritante. Ela surge em geral sem motivação porque faz parte de uma bagagem mental que sempre levamos conosco. Se achamos que alguém pensa mal de nós, falaremos isso antes que a pessoa o faça.

Os Elefantes Cor-de-Rosa são um grande truque para nos proteger contra uma comunicação imprudente e malfeita. Recomendo a meus clientes que se lembrem deste princípio-chave: sempre digam o que são, em vez daquilo que não são.

Peço a todos eles que se tornem caçadores de Elefantes Cor-de-Rosa.

A idéia é eliminar todos os Elefantes Cor-de-Rosa da conversação, até que você fique livre dessas negações. O processo como um todo força as pessoas a pensar e a falar de maneira mais positiva. Ora, falar usando negativas não é muito produtivo. Com freqüência paramos no problema e não conseguimos encontrar a solução.

Tudo bem, são 21:50. Você está dirigindo numa estrada de mão dupla, ainda longe de casa e precisando muito de uma xícara de café e de uma parada para ir ao banheiro. Enfim, uma placa: "Posto de Serviços. **Não** fica aberto 24 horas". (**Elefante Cor-de-Rosa!**) Será que estão abertos? Será que estão fechados? Então o que é preciso fazer? Diminuir a velocidade para ver se as luzes estão acesas! O que naturalmente justificaria uma placa advertindo: "Diminua a velocidade para ver se as luzes do posto estão acesas".

Eu estava filmando de um helicóptero para um programa de golfe. O piloto estava prestes a pousar quando um colega disse pelo rádio: "Não é aí que você deve pousar". (**Elefante Cor-de-Rosa!**) Ora, pairando a apenas dez metros do solo, o que é muito mais difícil do que parece, o piloto, irritado, vociferou de volta: "Quer fazer o favor de me dizer onde devo pousar, então?"

A seguir, algumas frases que você já ouviu muitas vezes na conversação diária:

- "**Não** quero ser intrometido, mas ..." (**Elefante Cor-de-Rosa!**)

- "**Não** quero fazer fofoca, mas ..." (**Elefante Cor-de-Rosa!**)

- "**Não** estou tentando impor minha opinião, mas ..." (**Elefante Cor-de-Rosa!**)

- "**Não** quero ofender, mas ..." (**Elefante Cor-de-Rosa!**)

- "**Não** quero ser grosseiro, mas ..." (**Elefante Cor-de-Rosa!**)

Retire as negativas transparentes e você terá:

- "Quero ser intrometido ..."

- "Quero fazer fofoca ..."

- "Estou tentando impor minha opinião ..." e assim por diante.

Os Elefantes Cor-de-Rosa só chamam atenção para aquilo que queremos ocultar.

A primeira vez que isso me chamou a atenção foi quando li um artigo sobre minha contratação como repórter esportivo da BBC escocesa, em

1986. O texto me atribuía a declaração de que "os meus interesses esportivos diversificados" garantiriam que a BBC escocesa "**não** caísse na vala comum de só transmitir futebol". (**Elefante Cor-de-Rosa!**)

Seria algum repórter maldoso, de algum tablóide sensacionalista, atribuindo-me falsamente uma citação para que eu ficasse em maus lençóis? Não, esse artigo era legítimo, com uma citação legítima na própria publicação da BBC, a *Radio Times*. Eu tinha justamente suscitado a imagem, de "cair na vala comum de só transmitir futebol", que tanto queria evitar. Mas a minha intenção era só dizer que eu tinha feito a cobertura de 17 esportes diferentes só naquele ano.

Isso me fez chegar a três conclusões que se aplicam a todos nós:

1   Temos de assumir a responsabilidade pelas palavras que escolhemos, seja com quem for que estejamos falando.

2   Temos de pesar mais ainda as palavras que usamos ao falar.

3   Devemos aprender a NOS LIVRAR DO ELEFANTE COR-DE-ROSA.

O caso é que eu vinha escrevendo profissionalmente desde os 18 anos como estagiário de um jornal. Naquela altura, com quase 30 anos, eu já havia escrito para quatro jornais, para uma estação de rádio, para noticiários da televisão escocesa e da BBC TV, em Glasgow e em Londres. Apresentava diariamente na BBC o noticiário e os esportes. Então, será que eu estivera errando o tempo todo?

A resposta só podia ser um sonoro "sim". Isso só estava mascarado pelo fato de quase todo o meu trabalho como locutor ser escrito com antecedência. Eu podia falar no ar, mas eu havia trabalhado nele cuidadosamente de antemão e lia um roteiro. E é essa a situação que todos enfrentamos ao comparar o que escrevemos nas cartas e relatórios com o que dizemos ao telefone e nas conversas cara a cara. (Mais adiante tratarei dos e-mails, rápidos como um raio e por isso muito perigosos.)

A maioria de nós, antes de enviar uma carta, faz uma revisão. Possivelmente reescreveríamos uma frase confusa, abrandaríamos uma nota mais inflamada, mostraríamos a carta para outra pessoa, ruminaríamos sobre o texto durante algum tempo e só então a enviaríamos. E o que fazemos durante uma conversa? Falamos, depois pensamos e então nos arrependemos. E isso acontece só se percebemos que cometemos um erro. Mas geralmente somos muito descuidados quando conversamos.

A maioria de nós ganharia mais se desperdiçasse menos tempo tentando imaginar o que os outros estão pensando de nós e usasse melhor o tempo contando-lhes sobre o que acreditamos, o que temos feito, o que realmente defendemos.

E quando nos acusam de algo, por que repetir a acusação na resposta? Se o seu companheiro pergunta se você está "aborrecido" com as notícias que ele lhe deu, por que cargas d'água você iria dizer: "Eu **não** estou aborrecido com as notícias que me deu"? (**Elefante Cor-de-Rosa!**) Isso só serviria para enfatizar a palavra "aborrecido". Em vez disso, diga que está entusiasmado com as notícias (desde que esteja mesmo).

Se o seu chefe o acusa de "falta de ambição", diga-lhe que você é "muito ambicioso" (desde que você seja). Cada um dos Elefantes Cor-de-Rosa pode ser substituído por uma frase positiva.

Tudo é uma questão de prioridade. Você quer debater a prioridade deles ou a sua? Se a deles não é verdadeira, por que gastar o fôlego defendendo-a? Em vez disso, diga-lhes a verdade. Isso também vale para as ocasiões em que você fala com um amigo, com um parente, com um colega ou até mesmo com um repórter de televisão.

Numa sessão de treinamento que eu conduzia, um cliente disse involuntariamente 12 Elefantes Cor-de-Rosa numa entrevista de três minutos. Analisando a entrevista, a proporção de palavras negativas que eu o induzi a falar e que ele disse por conta própria era praticamente a mesma.

Comece olhando o jornal de hoje e localizando Elefantes Cor-de-Rosa para descobrir o que as pessoas realmente têm em mente. Seguem alguns casos que vão ajudá-lo a começar. E lembre-se de ignorar a negação que aparece em negrito para ver a verdadeira imagem criada. Porque é isso que a sua mente faz.

Paul Burrell, ex-mordomo da princesa Diana, disse-nos: "A decisão de contar a minha história **não** teve a ver com dinheiro". (**Elefante Cor-de-Rosa!**) Ele prosseguiu, dizendo que as 300.000 libras que recebera do *Daily Mirror* serviriam para pagar dívidas. Com isso percebi que tinha tudo a ver com dinheiro.

A carreira de um ex-capitão da seleção escocesa de futebol foi interrompida bruscamente quando ele foi expulso, depois de dar uma cotovelada no rosto de um jogador do San Marino. Mas, em vez de pedir desculpas, Colin Hendry, numa reportagem de jornal, declara: "**Não** uso drogas. (**Elefante Cor-de-Rosa!**) **Não** dirijo quando bebo (**Elefante Cor-de-Rosa!**) e **não** tenho cinco filhos com três mulheres diferentes. (**Elefante Cor-de-Rosa!**)"

Na tentativa de jogar um balde de água fria nas histórias dos jornais que diziam que Stella McCartney não estava nada contente com o casamento do pai, Paul McCartney, com a ex-modelo Heather Mills, a agente de Stella foi a público. Mas ela só piorou as coisas: "**Não** estou fingindo que ela **nunca** exagerou as histórias", disse Anya Noakes. (**Elefante Cor-de-Rosa!**) "Mas **não** acho que... ela tivesse más intenções". (**Elefante Cor-de-Rosa!**)

Pode ser muito divertido localizar os Elefantes Cor-de-Rosa dos outros, percebendo o que eles realmente queriam dizer enquanto eles próprios contornavam a questão. Eu fui testemunha de um incidente desse tipo no aeroporto de Faro, em Portugal. Um homem de vinte e poucos anos estava muito agitado quando entrou na fila do *check-in*. Ele precisava voltar a Gatwick, mas, pela conversa que mantinha ao celular, a sua frustração ficou evidente.

"Ei, Ronnie, é o Jim. Estou encalhado aqui em Faro com exatamente 15 libras no bolso. Passei pelo caixa eletrônico e a conta está zerada. Como vou fazer para conseguir voltar para Gatwick?" Houve uma pausa rápida, seguida por um clássico Elefante Cor-de-Rosa.

"Ronnie, **não** estou pondo a culpa em você!" (**Elefante Cor-de-Rosa!**)
Outra pausa rápida, e então:
"Bem, na verdade, Ronnie... *estou* pondo a culpa em você!"
E isso era o que ele queria dizer o tempo todo.

Assim, para melhorar suas habilidades na área de comunicação, você precisa se tornar um caçador de Elefantes Cor-de-Rosa. Isso serve tanto para sua própria comunicação quanto para a dos outros. Com um pouco de empenho, você dará os primeiros passos importantes para transformar os Elefantes Cor-de-Rosa numa espécie em extinção.

Resumo

1   *Comece fazendo uma análise de si mesmo. Você está usando Elefantes Cor-de-Rosa?*

2   *Descreva o que está acontecendo em vez de negar o que acredita ser a opinião de outra pessoa com relação aos acontecimentos. Atenha-se ao ponto positivo.*

1   *Persiga os Elefantes Cor-de-Rosa que estão nas suas conversas e nas dos outros.*

Capítulo 2

Toda imagem conta uma história

"Um pequeno passo para o homem. Um salto gigantesco para a humanidade."
Neil Armstrong, ao se tornar o primeiro homem a pisar na Lua, julho 1969

Agora que você está caçando Elefantes Cor-de-Rosa, o que mais o ajudaria a formar uma imagem mais clara daquilo que você está dizendo?

Aceite a minha sugestão. Apenas pense na Torre Eiffel elevando-se orgulhosa sobre o rio Sena, dominando o horizonte parisiense. Agora lembre-se da seqüência apresentada nos noticiários da televisão mostrando um estudante solitário, em pé diante de um tanque de guerra, na praça Tiananmen, em Pequim, obrigando o tanque a avançar em ziguezague.

Agora, lembre-se das imagens, nebulosas mas notáveis, de Neil Armstrong pisando na Lua em julho de l969, e das palavras imortais: "Um pequeno passo para o homem. Um salto gigantesco para a humanidade".

Quanto mais soubermos usar as palavras para criar uma imagem dos nossos pensamentos, mais claramente conseguiremos visualizar uma imagem.

Ajudará muito se tivermos visto uma fotografia da Torre Eiffel, a cena do estudante e do tanque ou do homem pisando na Lua. Mas a habilidade para criar imagens pode nos levar muito além daquilo que já vimos.

Você poderia estar no jardim ou no carro, numa tarde de domingo, ouvindo o comentarista do rádio narrar o 18º *green* da rodada final do Campeonato Aberto de Golfe. "Então Tiger Woods agacha-se, fazendo aquela pose tão conhecida, com as mãos em concha sobre a aba do boné, enquanto aperta os olhos para protegê-los do sol da tarde, e examina a trajetória em declive que a bola irá percorrer nessa última tacada. Ele está prestes a tacar a bola. Quatro metros e meio separam Tiger Woods da sua consagração. A bola segue em direção ao buraco. Será que ele bateu com força suficiente? Bateu!"

Sem necessariamente ter visto a partida em questão, a imagem descrita é precisa, clara e imediata. É fácil visualizá-la. Uma tapeçaria urdida cuidadosamente, criando uma imagem clara e brilhante.

A maior parte das pessoas aprende as letras e depois as palavras dos livros fazendo associações com objetos. "A" de asa e "B" de bola. Melhor ainda é dar nome a um objeto para gravá-lo realmente na memória, assim: "Peixoto, o Peixe".

Portanto, quando foi que aprendemos a associar o "E" a finanças estruturadas ou o "N" à liquidez negativa?

Quando apresento seminários para agências de turismo, eu mostro que eles já começam levando vantagem, pois são capazes de descrever seus produtos por meio das imagens que vemos nos folhetos — castelos, lagos ou hotéis, em remotas ravinas de regiões montanhosas.

Em comparação, as empresas da área financeira tratam de siglas, ações e outras abstrações que só nos confundem. O nível de interpretação exigido é portanto mais alto, e é nesse ponto que tantas pessoas desistem só de pensar no esforço que precisam fazer.

Eu estava num almoço de negócios em que tínhamos três minutos para descrever a nossa empresa para as outras sete pessoas ao redor da mesa. Só que eu contava também com o espaço de dez minutos reservado para o orador se dirigir aos 100 participantes do almoço. Assim, eu disse aos meus companheiros de mesa que eu usaria os meus três minutos para só falar sobre jargões.

Como sempre, eu repeti meu monólogo ideal para festas, que fala do "A" para asa e do "E" para finanças estruturadas. Depois que acabei de falar, dois outros usaram o seu tempo e então um homem, que até então ficara em silêncio, começou a falar com muita cautela.

"Bem, eu trabalho com finanças estruturadas", ele começou. "Diante do que Bill disse, eu **não** quero aborrecê-los com isso. (**Elefante Cor-de-Rosa!**) Por isso eu vou parar por aqui."

Eu ri nervosamente, esperando que ele estivesse brincando. Mas o silêncio aturdido que tomou conta da mesa indicava que ele realmente havia terminado. Eu fiquei extremamente embaraçado. Cometi o erro fatal de fazer uma brincadeira sem primeiro saber qual era o meu público.

Sem jeito, eu me transformei em repórter e pedi ao sujeito que explicasse o que são finanças estruturadas, já que eu nunca conseguira entender o conceito. Ele fez umas duas tentativas. Àquela altura, todos nós participávamos, fazendo perguntas. Ele realmente falou durante os três minutos, mas depois desse tempo eu ainda continuava no escuro. Jargão leva a jargão. Faltou uma explicação simples. Ainda estou confuso quanto ao que significa finanças estruturadas.

Agora, se você estiver numa posição de liderança — patrão, mãe, pai —, é melhor prestar atenção na forma e na quantidade de jargões que costuma usar ao falar.

Certa vez, perguntei a um diretor-executivo se ele tinha certeza de que todas as pessoas presentes na sala, inclusive os novatos, entendiam cada palavra das suas apresentações. Ele respondeu: "Bem, eles deveriam. É trabalho deles ser rápidos".

No entanto, ele concordou, depois de uma conversa, que deveria evitar jargões, assegurando assim que cada palavra fosse compreensível a todas as pessoas.

Veja só, esse é o problema. Quando você extirpa o jargão da sua apresentação ou do seu discurso, precisa se esforçar para convertê-lo em linguagem simples. E isso exige um esforço considerável. Assim, a tarefa de interpretar passa dos ouvintes para você. Isso deveria ser muito bem-vindo, pois significa que eles vão ter mais chance de entender o que você está dizendo.

Como, então, identificar o que caracteriza um jargão?

Na verdade é muito simples. Se você estivesse sentado na platéia, com o conhecimento de um principiante, um novato completo, será que compreenderia cada palavra? Antes de responder a essa pergunta, será que consegue se lembrar do tempo em que era novato?

De fato, podemos tornar isso ainda mais simples. Imagine-se na platéia, com pouco conhecimento do assunto, certo de que vai se aborrecer com a arenga daquele velhote engravatado, falando monotonamente, numa linguagem repleta de jargões e siglas. Agora que você já visualizou a cena, faça com que seu discurso seja com as palavras de mais fácil compreensão que você já ouviu.

E o que dizer das pessoas mais antigas da empresa? Isso não seria simplista demais para elas? Ora, o discurso será claro. Compreensível. Bem construído. Prenderá a atenção deles pela clareza. Eles concordarão mentalmente quando forem mencionados os tópicos que já conhecem e aprenderão com as dicas que estão ouvindo pela primeira vez ou, quem sabe, até mesmo conseguindo entender pela primeira vez.

E lembre-se, você precisa entender sua mensagem tão bem quanto seus ouvintes. O que seria pior do que usar jargões acreditando equivocadamente que todos entenderão o que você está falando? Acontece que as pessoas vão começar a fazer perguntas e você vai descobrir que também não é capaz de explicar o significado do jargão.

Isso aconteceu pouco tempo atrás quando um cliente, ao ler a cópia do que eu havia escrito para sua empresa, disse aos colegas que numa das sentenças ocorrera um batos. "Batos?", perguntaram os colegas. "O que é isso?"

A verdade é que meu cliente estava inseguro com relação ao significado da palavra e foi obrigado a consultar um dicionário, muito a contragosto. (Batos, acabei de ler, significa "um anticlímax não-intencional" — que foi o que o pobre homem provocou depois do seu pronunciamento inicial, cheio de confiança.)

Alguns advogados ainda tendem a usar o latim como se fosse o idioma falado em seu país. Expus essa idéia a um deles, que respondeu ao grupo: "**Não** acho que empregamos em excesso o latim *per se*". (**Elefante Cor-de-Rosa!**)

Todos nós demos risada — exceto ele.

"Do que estão rindo?", perguntou.
"*Per se*?", eu lhe disse.
"Isso **não** é latim de fato", insistiu. (**Elefante Cor-de-Rosa!**)

"Tudo bem, então o que significa?", perguntei.

"Como tal", foi a resposta.

"O que há de errado em dizer simplesmente 'como tal'", eu sugeri, "poupando-nos do trabalho de ir atrás de um dicionário de latim?"

A linguagem tornou-se tortuosa para evitar erros. Ela é defensiva e vaga para abranger todas as opções, especialmente em muitos ramos de negócio em que as pessoas não sabem direito qual é o verdadeiro significado das palavras. No escritório, brincamos que estamos "agregando valor e seguindo em frente". Isso agora não significa nada, já que todos no mundo dos negócios estão procurando "agregar valor e seguir em frente".

Então, por que toleramos os jargões do mundo empresarial? Para mim, aí existe algo da história da roupa nova do rei, de Hans Christian Andersen. Todos tinham medo de dizer ao rei que ele estava nu; então, em vez disso, elogiavam o bom gosto da roupa nova.

Muitas pessoas têm medo de tomar a iniciativa e falar que estão atrapalhadas com as siglas e confusas com outros jargões. E quem é que vai dizer ao presidente da empresa que "agregar valor e seguir em frente" não significa nada?

Por isso, a responsabilidade de eliminar os jargões pertence a todos nós. Se quisermos que as pessoas nos entendam, precisamos eliminar todos os jargões.

Em contraposição a toda essa conversa fiada, o discurso mais inspirador que já ouvi foi pronunciado pelo treinador Frank Dick para muitos dos atletas ingleses que ganharam medalhas nas Olimpíadas da segunda metade da década de 1980.

Ele descreveu as pessoas que moravam num vale, contentes com sua vida pacata, cômoda e um tanto introspectiva. Então descreveu um aldeão que foi caminhar pelos contrafortes das montanhas e achou a vista interessante. Ele subiu um pouco mais e viu colinas e vales que nunca tinha visto antes. O aldeão achou que ainda não havia subido o suficiente e, mesmo cansado e com frio, continuou subindo.

E assim a história continuou até que Frank perguntou àqueles que o ouviam: "Vocês querem se sentir seguros na multidão e se esconder na mentalidade tacanha do vale? Ou querem ver o quanto conseguem subir na vida? Querem ir aonde o seu amigo apenas sonhou em chegar? Querem ter a vista mais grandiosa que o mundo pode lhes oferecer?"

Eu estava hipnotizado e lhe disse isso mais tarde. A imagem criada por ele tinha se transferido para a minha mente e, o mais importante, seu conceito (em si mesmo uma abstração) tinha se fixado firmemente em meus pensamentos. Tudo isso aconteceu porque ele criara imagens com as palavras.

Frank Dick usou a escalada da montanha como uma analogia para que eles tivessem sucesso. Ele usou uma imagem para substituir a abstração, porque as abstrações na maioria das vezes são invisíveis.

Acho as analogias incrivelmente poderosas por essa razão. De repente, um conceito fica claro. Adquire sentido.

Um amigo meu ligado ao mundo das finanças me pediu para ajudá-lo a explicar aos colegas que a recente fusão pela qual tinham passado seria um pouco árdua a princípio, mas muito vantajosa a longo prazo. Eu disse que pensaria a respeito.

"É como se fossem dois rios se encontrando", sugeri, depois de alguns minutos. "Ambos estão vindo de direções diferentes e assim, quando se encontram, há uma enorme turbulência. Porém, um pouco além, esse grande rio já terá aproveitado a energia dessa turbulência e a correnteza fluirá muito mais tranqüila, mas com mais força ainda. Toda a água se movendo na mesma direção." Doug gostou da analogia e fez uso dela. A imagem ajudou a sua equipe a divisar um futuro mais promissor.

Minha filha mais nova, Emma, ficou chateada quando comecei a trabalhar dois dias da semana no programa da BBC *Breakfast News*, em Londres. Isso exigia que eu saísse de casa, em Glasgow, no sábado à noite e só voltasse de Londres na terça. Emma achou que isso era má idéia e quis saber por que eu a abandonava durante dois dias quase toda semana.

Se eu tivesse me esquecido da idade dela, eu teria dito que a experiência tinha um valor inestimável para mim e mostrado que o perfil era indispensável, pois aumentava meu valor diante do setor corporativo, somando pontos ao resultado final das Empresas de Radiodifusão. Felizmente, eu me lembrei de que ela só tinha cinco anos e lhe disse que, todas as vezes que eu ia a Londres, a BBC me dava dinheiro. E que, quando eu tivesse a quantia suficiente no banco, iríamos ver o Mickey Mouse na Flórida.

Num passe de mágica, ela estava carregando minha pasta, abrindo a porta para mim e me dando tchau.

Só que falar com adultos dessa forma seria uma maneira de nivelá-los por baixo, porque a mensagem seria transmitida num nível de compreensão muito abaixo do que eles têm. Mas é essencial, diante de qualquer ouvinte, encontrar a linguagem que ele possa entender, transmitir a mensagem no seu nível e deixá-lo digerir o que foi dito.

Se conseguir encontrar uma analogia adequada para os seus ouvintes, você estará no caminho certo para vencer.

Assim, ao usar analogias, descubra as que são apropriadas e que *todos* possam compreender. E faça as pessoas chegarem a uma conclusão ANTES que você tenha de usá-las de verdade.

Em certa ocasião, uma cliente resumiu de modo singelo a questão que seria apresentada numa entrevista, explicando o significado da palavra "efluência" numa linguagem comum. "Efluência", ela começou, "é, por exemplo, o que fica na panela depois de se cozinhar as batatas e retirá-las dali".

"Simplesmente brilhante", eu disse entusiasmado. "Posso perceber o que você está falando e compreender claramente o que quer dizer." Nós esperamos ansiosamente que a colega dela repetisse na entrevista a explicação dada anteriormente. Entretanto, um pouco agitada, ela se confundiu com aquela analogia não ensaiada e falou inadvertidamente: "Efluência é como a espuma que fica numa panela".

Idéia correta, emprego errado das palavras.

Assim, lembre-se, experimente as analogias antes de usá-las para valer.

Resumo

1   Descreva imagens vívidas para criar uma descrição clara.

2   Use analogias para converter conceitos abstratos e jargões em imagens vivas.

3   Evite falar acima ou abaixo do nível de compreensão de seus ouvintes. Em vez disso, fale ao nível deles.

Seção Dois

Tenha princípios ao se expressar

Capítulo 3

Mantenha-se na estrada

"Quanto mais rapidamente formos substituídos pela máquina, melhor será para todos."
Bill McFarlan, novembro de 1993

Era tarde, estava úmido e ventava, quando cheguei numa noite de novembro ao aeroporto de Glasgow. Eu estava acordado desde as 4:30 da manhã para apresentar os boletins de esporte no programa da BBC *Breakfast News* e depois dar um curso de treinamento de mídia na sede do Guinness, em Londres.

O tráfego aéreo para o aeroporto de Heathrow tinha ficado congestionado e o vôo atrasou. Depois de usar toda a minha energia para apresentar esportes e em seguida para persuadir e incentivar os participantes do meu curso, eu me sentia exausto. Em resumo, eu não tinha um pingo daquilo que eu chamo de "polidez profissional". Qualquer pessoa que ficasse entre mim e um banho repousante teria de pagar um preço alto. Com certeza daí a 30 minutos eu estaria no meu santuário doméstico, pronto para relaxar. Eu só precisava encontrar meu carro, pagar o estacionamento e dirigir até em casa.

O carro tinha ficado no ponto mais distante do estacionamento, por isso eu estava totalmente encharcado quando consegui chegar até ele. Quando me aproximei da cabine de cobrança, coloquei o tíquete entre os dentes e vasculhei os bolsos à procura de uma nota de dez libras. Com a chuva fustigando, abri relutantemente a janela e coloquei a nota na beirada estreita da cabine ... somente para uma rajada de vento soprá-la para dentro da cabine.

"**Não** precisa jogar a nota em cima de mim", falou bruscamente a mulher encarregada da cabine. (**Elefante Cor-de-Rosa!**)
"Eu **não** a joguei em você. (**Elefante Cor-de-Rosa!**) Foi o vento", respondi suspirando.
"E também **não** aceito seu tíquete meio mastigado", ela rosnou. (**Elefante Cor-de-Rosa!**)
"Bem, **não** me parece que eu esteja com AIDS", sibilei furioso. (**Elefante Cor-de-Rosa!**)
"Até onde sei, você bem poderia", ela devolveu.
E aí aconteceu. Perdi completamente a compostura.
"Quanto mais rapidamente você for substituída por uma máquina, melhor para todos nós", falei, cuspindo as palavras. "Feliz desemprego."

Agarrei o meu troco e saí cantando os pneus, sentindo-me muito bem com a minha frase de despedida. Eu tinha mostrado a ela. Como ela ousava tratar os clientes daquele jeito? Será que ela não tinha nenhuma idéia do quanto eu tinha trabalhado naquele dia e de como estava exausto?

Contando a minha história em casa, eu a achei ainda mais engraçada. No entanto, julgando pelas expressões boquiabertas em volta da mesa da cozinha, minha família não parecia ter captado o humor da situação.

Uma semana depois, voltei da minha participação seguinte no *Breakfast News* no meio da tarde, com o sol brilhando. Sem dúvida, eu estava contente até que um sentimento de perigo começou a me sufocar. E se a mesma mulher estivesse naquele turno na cabine de cobrança e se lembrasse de mim?

A presunção da semana anterior tinha se transformado em culpa, embora eu estivesse tentando enterrá-la como justificativa própria. Na verdade, no momento eu estava lamentando a minha explosão. Apesar do ataque dela, a metralhadora que eu acionara era injustificável. Uma escalada nas agressões poderia ter sido evitada, eu precisaria apenas ter mostrado um pingo de humildade.

O problema era o meu cansaço e a conseqüente ausência de polidez profissional. Mas, àquela hora da noite, aposto que ela também estava exausta. Eu apresentara um programa de televisão e ensinara como lidar com a mídia enquanto ela tinha ficado presa numa cabine fria, por onde o vento entrava pelas frestas, passando por muitos dissabores por causa de clientes mascadores de tíquetes, molhados, cansados e irritadiços como eu. Pelo que eu sabia, ela podia até mesmo ter sido informada naquele dia de que *estava* para ser substituída por uma máquina.

Bastaria que eu respondesse ao comentário dela "Não precisa jogar a nota em cima de mim" com "Desculpe-me, foi o vento", e tenho certeza de que pararíamos por aí sem problemas.

O que é que eu teria feito se fosse uma cliente minha? Continuaria calmo e educado, é claro. Que vergonha, Bill — seu hipócrita!

Alguns anos depois, no mesmo aeroporto — e depois de um outro dia cansativo em Londres —, eu estava na fila para carimbar o meu tíquete. (As cabines de cobrança tinham sido substituídas, mas, ironicamente, uma das poucas pessoas que conservaram o emprego no centro de atendimento ao usuário era a minha amiga, a ex-coletora de tíquetes encharcados e transmissores de doenças.)

Exatamente quando ia chegando a minha vez na máquina, derrubei algumas moedas no chão. Rastejando para recolhê-las, percebi que as pessoas atrás de mim na fila se encaminhavam para a máquina.

"Acho que isso aqui ainda é uma fila", anunciei no meu melhor estilo estressado.

"Oi, Bill, é você?", veio a resposta, para o meu horror. "Lembra-se de mim? Você nos deu um curso de treinamento em Londres, no mês passado."

De repente, fiquei todo charmoso. Educadíssimo. Completamente envergonhado.

Então, em que ponto se aprende a usar a cabeça antes de abrir a boca? Normalmente quando se usa a lógica antes que o ego tenha uma explosão emocional ao ser atacado.

Esses dois incidentes me ensinaram uma lição valiosa. Agora tenho uma técnica de prontidão para me ajudar a permanecer calmo. Trata-se de "me manter na estrada em vez de atolar no lodo". Simplificando, trata-se de conservar o moral elevado diante de qualquer discussão.

Manter-se na estrada é um processo que pode muito bem começar quando oferecemos uma saída para a outra pessoa, evitando criar uma situação difícil. Eu me vi diante de uma dessas situações quando encontrei uma mulher sentada na minha poltrona no avião.

Olhei para o meu cartão de embarque. Era 10C. Conferi o assento que ela ocupava. Era o 10C. Como já aconteceu de eu ler errado tanto o cartão de embarque quanto o do assento, tratei de conferir mais uma vez.

Então comecei. "Desculpe-me, será que estou com o cartão de embarque certo?"

"10C", disse ela, olhando para meu cartão de embarque, antes de repetir o número e olhar para cima. Ela então remexeu na bolsa até encontrar o seu próprio cartão de embarque, com o número 9C. "Desculpe-me", ela disse.

"Tudo bem", repliquei. "A numeração dos assentos é meio confusa mesmo."

Processo indolor! Consegui meu lugar. Ela ficou com o dela. Evitamos um confronto desnecessário.

Entretanto, uma vez testemunhei uma situação semelhante envolvendo duas mulheres, que se desenvolveu da pior maneira possível. Uma delas entrou pisando duro no corredor do avião, evidentemente transtornada, e declarou para a outra:
"Acho que você está sentada na minha poltrona. 15A."

A mulher que estava sentada conservou-se calma, conferiu o seu cartão de embarque e então pediu para ver o cartão da outra.
"Bem, eu estaria ocupando o seu lugar se eu fosse para Amsterdã, mas vou para Londres ... juntamente com todos os outros passageiros."

Indiferente, ela voltou a ler o jornal enquanto a agressora fazia o caminho de volta pelo corredor, amargando o vexame que se auto-infligira. Sua saída do avião foi acompanhada de muitos dedos acusadores e torcidas de nariz por parte dos outros passageiros.

Para garantir o moral elevado e se manter na estrada, tudo o que você tem de fazer é continuar sendo educado e razoável. Mesmo quando você começa com o pé errado, sempre é possível salvar a situação e ainda sair dela belo e formoso.

Eu estava passando um fim de semana no sudoeste da Inglaterra com minha mulher e um outro casal. Prontos para sair para o jantar, Caroline e eu chegamos no bar do hotel antes de os outros descerem do quarto. Fui ao balcão para fazer o pedido. Quinze minutos depois o casal ainda não havia aparecido, então pedi mais uma rodada.

Quando voltei com as bebidas, percebi que tinha recebido troco a menos. O *barman* estava ocupado quando voltei, assim tive tempo de me preparar bem para o que ia dizer. Com firmeza, mas educadamente, eu lhe disse que ele havia errado e me cobrara £1,25 a mais pelas mesmas bebidas que eu pedira da primeira vez.

Triunfalmente, voltei a me sentar, com o meu dinheiro de volta. A essa altura, Caroline me mostrou que minhas contas estavam erradas. A diferença de preço era de apenas 25 pence. Depois de conferir diversas vezes, concordei, relutantemente.

"Mas ainda assim me cobraram 25 pence a mais", insisti com ela.

"Sim, foram 25 pence a mais", e ela me chamou a atenção, "mas eu pedi gim com limão desta vez. Antes, tinha pedido gim com tônica. Deve ter sido por isso".

Sim, sim, sim ... e sim mais uma vez .... O *barman* estava certo. Eu estava errado, errado, errado! E agora? Hora de lidar com a desagradável verdade. Peguei £1,25 e voltei ao bar para me desculpar com um *barman* que já não estava entendendo mais nada.

"Sinto muito", comecei, "o erro foi todo meu".

Já totalmente confuso, ele pegou meu dinheiro e voltou a preparar seus drinques. Voltei para o meu lugar me sentindo um tanto idiota, mas livre da culpa.

Os trinta segundos que levei me desculpando revelaram-se um bom investimento de tempo. O *barman*, como percebi no dia seguinte, também servia o café da manhã no salão de refeições, onde eu lhe dei bom-dia. Ele nos ajudou a descer com a bagagem e depois fechou nossa conta na recepção. Parecia que uma força maior dizia a ele para me seguir como uma sombra, para garantir que eu permanecesse humilde. Se assim foi, funcionou. Saí do hotel com minha pasta debaixo de um braço e minha humilhação debaixo do outro.

Resumo

1   Mantenha o moral elevado mantendo-se paciente e educado.

2   Tenha certeza absoluta dos fatos e dê uma explicação educada.

3   É assim que nos mantemos na estrada, em vez de nos atolarmos no lodo.

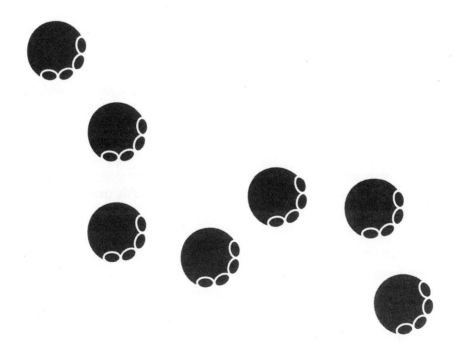

Capítulo 4

"Desculpe-me" parece a expressão mais difícil de dizer

"Qualquer tolo consegue justificar seu erro — e a maioria deles faz isso."
Dale Carnegie, *Como Fazer Amigos e Influenciar Pessoas*

Elton John estava inspirado quando cantou "Desculpe-me parece ser a expressão mais difícil de dizer".

O fato de estarmos errados nos fere profundamente. Mexe com a nossa autoconfiança. Faz com que duvidemos da nossa capacidade. Mas a verdade pode bem ser que simplesmente erramos.

Será que é possível viver uma vida inteira estando certo o tempo todo? Algumas pessoas certamente dão a impressão de que elas, ou suas empresas, são infalíveis.

A maioria das pessoas não gosta de dizer: "Desculpe-me, eu errei". Atribuo isso ao fato de que a nossa autoconfiança é um pouco mais frágil do que gostaríamos que os outros acreditassem. Mas, quanto mais rápido percebermos os erros, e mais depressa nos desculparmos, mais rapidamente a tensão se desfará.

A recusa em pedir desculpas aumenta a tensão — e aumenta a desconfiança em relação à pessoa que cometeu o erro. A recusa em se desculpar leva a prisões injustas, grandes ações envolvendo indenizações e até mesmo guerras.

Caroline brinca (pelo menos espero que ela diga isso brincando) que a primeira vez em que me viu pedindo desculpas foi quando errei ao transmitir um placar de futebol pela televisão. No papel de mestre-de-cerimônias, usei essa anedota para acalmar uma situação potencialmente explosiva na final do Campeonato Mundial Feminino de Tênis para Duplas, em Edimburgo, alguns anos atrás.

Da nossa cabine acima da tribuna de honra, Gavin, o organizador do torneio, e eu olhávamos perplexos para um estádio com apenas um quarto da sua lotação, sendo que a final começara às 13:00 em ponto. "Não estou entendendo nada!", ele exclamou. "Onde está todo mundo? Vendemos todos os ingressos!"

Então caiu a ficha. Os ingressos diziam que o início seria às 13:30, mas a decisão posterior da BBC de televisionar o evento fez com que o início fosse adiantado em meia hora.

Gavin estava atordoado. Além de tudo, os fãs estavam cercando os fiscais, que não deixavam os portadores de ingressos sentarem porque o jogo já começara. A raiva deles foi aumentando diante da sugestão de que deveriam estar em seus lugares no horário do início da partida.

"Com os diabos, o que é que vamos fazer?", Gavin perguntava para ninguém em particular.

"Bem, como mestre-de-cerimônias, acho que cabe a mim ir à quadra no fim do primeiro *set* e pedir desculpas", sugeri.

"Mas isso vai piorar a situação", ele replicou. "As pessoas vão pedir o dinheiro de volta. Os jornais vão estar cheios de reclamações".

"Só se não fizermos nada", insisti. "Confie em mim."

Ele fez isso e, entre resmungos de descontentamento, caminhei a passos largos para a quadra no intervalo do *set*, com uma instrução final soando em meus ouvidos: "**Não** ponha a culpa na BBC!" (**Elefante Cor-de-Rosa!**)

"Confie em mim", repeti.

Enquanto as jogadoras enxugavam a testa e as raquetes, era eu o único a enfrentar o calor.

"Senhoras e senhores", comecei. "Devemos uma explicação a vocês e um pedido de desculpas. Vocês chegaram na hora certa para o início do torneio às 13:30, mas houve um erro de impressão. O ingresso deveria indicar o início às 13:00 horas. Neste momento a única coisa que posso fazer é pedir desculpas por isso. Tivemos um primeiro *set* muito bom e já dá para esperar pelo desenrolar de uma partida emocionante, agora com todo mundo sentado. Peço mais uma vez que nos desculpem e que aproveitem a disputa."

O fim do anúncio foi marcado por aplausos fracos e não muito espontâneos. Mas a disputa se estendeu por três *sets* e o público vibrou com o jogo. Os fiscais nos contaram que as únicas reclamações que ouviram foram feitas antes do meu comunicado.

"Como você sabia que isso ia funcionar?", Gavin me perguntou.

"Eles apenas queriam saber que o erro tinha sido nosso e que eles estavam certos por chegar naquele horário", respondi.

O pedido de desculpas era simplesmente para pedir-lhes que perdoassem o nosso erro, o que eles fizeram. A autoconfiança deles ficou intacta. A nossa ficou abalada.

Gavin estava espantado. Mas, na ocasião, ele estava mais envolvido emocionalmente do que eu. Eu podia ter sido o homem da linha de frente, mas o erro fora dele. E achei muito mais fácil pedir desculpas pelo erro dele do que se eu tivesse de fazer isso por um erro meu.

Alguns anos mais tarde, eu estava tentando gravar um programa semanal de futebol que apresentava na Sky Television. Um novo operador de efeitos gráficos estava lutando com um "problema de dedo" — pressionando o botão errado, fazendo as legendas aparecerem na hora errada. O que era para ser feito em 45 minutos levou o dobro do tempo. Toda vez que ele cometia um erro, precisávamos recomeçar do ponto anterior da edição.

Todos estavam frustrados e eu estava começando a perder a concentração. Quanto mais demorava, mais eu começava a gaguejar, o que significava que tínhamos de voltar atrás até o último ponto da edição, só que daí por minha causa.

Depois de duas horas, o produtor, o diretor e eu saímos em frangalhos do estúdio. Mas, naquele momento, a culpa recaiu sobre o operador de efeitos gráficos E em mim. Afinal, eu tinha contribuído para a lentidão da gravação. Só havia uma coisa a ser feita. "Sinto muito mesmo pelas gaguejadas", falei. "Comecei a perder a concentração."

Eles quase se atropelaram para me arranjar uma desculpa. "**Não** foi culpa sua", disse o produtor. (**Elefante Cor-de-Rosa!**) "Qualquer um teria se atrapalhado", acrescentou o diretor.

Se eu tivesse resolvido culpar o pobre homem encarregado dos efeitos gráficos, os dois teriam justificativa para apontar as minhas falhas.

Eu simplesmente lhes dei margem para que aceitassem minhas desculpas. Todos nós nos beneficiamos com isso.

O problema é que muitas empresas vêem isso de forma diferente. Acreditam, erroneamente, creio eu, que pedir desculpas é admitir fraqueza. Acredito que seja o oposto, uma demonstração de força. Todos nós cometemos erros. Por que negá-los? Mas aqueles que se declaram infalíveis normalmente caem no conceito das pessoas mais realistas do que eles mesmos.

Assistimos governos, igrejas, tribunais e forças policiais deixarem de se desculpar quando é evidente que erraram.

Qualquer um que acompanhou a trágica história de quatro mortes suspeitas no Quartel do Exército Deepcut, em Surrey, percebeu por que uma evidente falta de solidariedade cria um profundo sentimento de raiva.

Há poucos anos, quatro jovens soldados, três homens e uma mulher, foram encontrados mortos com ferimentos de bala. O Exército disse que eles eram todos suicidas, mesmo tendo um dos soldados sofrido dois ferimentos na cabeça (vindos de cima) enquanto um outro apresentava CINCO ferimentos no peito.

Os pais dos jovens soldados relataram uma atitude de menosprezo por parte do Exército.

Ao telefonar três dias depois da morte do filho para saber como estavam as investigações, Jim Collinson conta que lhe disseram: "Havia um corpo, uma arma. Tire suas próprias conclusões". Essa atitude somente fortaleceu a vontade dos pais de ir atrás dos fatos até que se fizesse justiça.

Nesse meio-tempo, uma porta-voz do Ministério da Defesa exprimiu seus sentimentos com uma série de negativas:

- "Não temos **nada** a encobrir ..." **(Elefante Cor-de-Rosa!)**

- "... **nada** a esconder ..." **(Elefante Cor-de-Rosa!)**

- "Seria tolice dizer que intimidação e molestamento **não** acontecem. **(Elefante Cor-de-Rosa!)**

Quando um helicóptero Chinook caiu no sudoeste da Escócia em junho de 1994, matando 29 pessoas — entre elas muitas figuras importantes do serviço de inteligência das forças armadas —, o Ministério da Defesa atribuiu o acidente a "uma grosseira negligência (do piloto), **sem** dúvida **nenhuma**". **(Elefante Cor-de-Rosa!)**

Os pais do piloto e um número crescente de pessoas que demonstraram interesse no caso não concordaram. Um comitê da Câmara dos Lordes concluiu, em fevereiro de 2002, que problemas técnicos relacionados com o *software* do computador seriam a causa mais provável do acidente. O relatório da Câmara dos Lordes exonerou os dois pilotos. O Ministério ainda teria que se desculpar. Na verdade, em vez disso, uma porta-voz declarou: "Nós apoiamos as conclusões do inquérito do Ministério da Defesa e as investigações oficiais".

A história recente da Grã-Bretanha está repleta de pessoas que foram presas injustamente, entre elas os Quatro Guildford (15 anos de prisão), os Seis de Birmingham (16 anos de prisão) e os Três de Bridgewater (mais de 17 anos de prisão). A intransigência das autoridades serviu para abastecer a luta dessas pessoas por justiça.

Stefan Kiszko, um homem de capacidade mental limitada, foi preso em 1976 pelo assassinato de uma criança, apesar dos exames da perícia forense, que, caso tivessem sido apresentados no tribunal na ocasião, teriam provado a sua inocência. Ele foi libertado após 16 anos, em 1992, e morreu seis meses depois, sem nunca ter ouvido um pedido de desculpas por parte das autoridades.

Mais recentemente, em 2002, Robert Brown — preso por assassinato em 1977, quando acabara de completar 19 anos de idade — foi libertado com 45 anos, depois que a sua condenação por assassinato foi anulada. A corrupção entre os policiais envolvidos em sua condenação veio à luz pela primeira vez quando um deles foi preso em 1983.

Pessoas que ocupam altos postos de comando e cometem grandes erros raramente pedem desculpas.

Shirley McKie era detetive da polícia em Strathclyde e foi enviada para investigar um assassinato. Ela foi acusada de deixar uma impressão digital num batente acima do corpo, quando tinha recebido ordens expressas de ficar fora do edifício. Quando se recusou a admitir no banco das testemunhas durante o julgamento do assassinato que a digital era sua, foi acusada de perjúrio e levada a julgamento por mentir sob juramento.

Num caso célebre, ela se tornou a primeira pessoa em 102 anos de evidências com digitais na Escócia a provar que uma identificação positiva de digitais estava errada. Ela ganhou a causa no tribunal, foi elogiada pelo juiz e subseqüentemente recebeu um pedido de desculpas do Ministro da Justiça da Escócia, no Parlamento. Passados muitos anos, ela continuava esperando receber um pedido de desculpas de algum dos seus acusadores — e por isso entrou com uma ação contra seus ex-patrões.

"Eu poderia estar trabalhando para a polícia até hoje se eles tivessem dito apenas 'sinto muito, estávamos errados'", Shirley me disse. "Em vez disso, fui arrastada para o tribunal, minha carreira acabou e os contribuintes pagaram milhões para financiar essa charada. Tudo por terem se recusado a dizer 'desculpe-nos'."

Muitos advogados costumavam avisar que um pedido de "desculpas" podia custar dinheiro. Em geral, o que ocorre é o contrário. A decisão de dizer isso na primeira oportunidade evita muitas vezes uma ação judicial.

Há ocasiões em que podemos reconhecer a raiva e o sofrimento de alguém, mesmo quando sentimos que a responsabilidade não é nossa. Ouvir algo como "Sinto muito que você esteja tão chateado" é o reconhecimento que a pessoa procura. Mesmo o advogado mais arguto teria de concordar que a expressão desse sentimento não pode ser considerada uma confissão de culpa. Você pode dizer "Sinto muito pela tragédia das Torres Gêmeas", embora a responsabilidade pelo que aconteceu não seja sua.

As coisas estão mudando. Já há um reconhecimento maior de que a tentativa de corrigir um erro precisa começar com um pedido de desculpas. Nessas duas décadas em que tenho dado consultoria a empresas de mídia, essa é uma das mudanças mais estimulantes que tenho testemunhado.

Toda vez que a maior empresa de bebidas alcoólicas do mundo, a Diageo, anunciou corte de pessoal, pediu desculpas por ter que fazer isso. Quando a BP de Grangemouth anunciou o corte de 700 empregos em novembro de 2001, iniciou a comunicação expressando o quanto lamentava esse fato. Todos os meus outros clientes endossam esse ponto de vista.

Quanto mais empresas perceberem que a reputação delas está vinculada às relações com a comunidade, à responsabilidade ambiental e também ao preço das ações, mais veremos empresas pedindo desculpas. Isso está sendo cada vez mais aceito como a coisa certa a fazer.

Eu tenho uma forte impressão de que qualquer declínio na confiança depositada na polícia, na justiça e no governo seria revertido se mais pedidos de desculpas fossem apresentados quando as coisas saíssem erradas.

Pesar, Causa e Solução

Portanto, podemos aceitar que muitas vezes o melhor é pedir desculpas. Isso basta? Certamente que não! Como consertar o que se fez de errado?

Há uma fórmula simples para você lembrar quando todas as suas emoções estão lhe dizendo para sair correndo e tratar de se esconder. Chama-se Pesar, Causa e Solução — PCS.

Dois trágicos desastres aéreos na Grã-Bretanha, ocorridos no final dos anos de 1980 num espaço de 18 dias entre um e outro, resultaram em atitudes bem diferentes por parte das companhias aéreas envolvidas. Uma recorreu aos PCS, a outra se omitiu.

A explosão da aeronave transatlântica da Pan Am, alguns dias antes do Natal de 1988, despedaçou o coração de Lockerbie e foi um desastre que chamou a atenção do mundo todo. A Pan Am deve ter ficado chocada com o que aconteceu à aeronave e talvez por isso tenha deixado de se apresentar no local do acidente para dizer ao mundo como se sentia com relação ao maior assassinato em massa na história da Grã-Bretanha.

O acidente da British Midland em Kegworth, na rodovia M1, aconteceu em 8 de janeiro de 1989, depois que o motor de um avião que vinha de Heathrow pegou fogo. As 47 mortes foram uma tragédia pessoal para todos os envolvidos, incluindo o presidente da empresa, *sir* Michael Bishop, que testemunhou pela primeira vez a morte de pessoas num de seus aparelhos. Lembro-me nitidamente dele, na cena do desastre naquela noite, cercado pelas câmeras dos jornalistas. Ele parecia uma figura atormentada, tentando absorver o que tinha acontecido com a aeronave e os passageiros. Em todas as entrevistas ele expressava o pesar que estava sentindo (Pesar), explicava que fariam uma investigação para descobrir a causa (Causa) e prometia que no futuro fariam qualquer mudança necessária (Solução).

Muitos anos depois, encontrei *sir* Michael num evento e lhe disse o quanto eu me identificara com ele naquela noite horrível e de como admirara o modo como lidara com o desastre. "Tive a sorte de estar a uma distância de apenas meia hora do local do acidente", ele disse. "E se o acidente tivesse acontecido no sul da França?"

"Acho que você chegaria ao sul da França tão rapidamente quanto um avião pudesse levá-lo", respondi. "Foi sua atitude que transpareceu durante toda aquela noite. Qualquer lugar em que você estivesse naquele momento seria irrelevante."

Ironicamente, embora o terrorismo fosse a causa do desastre em Lockerbie, o fogo e o erro do piloto causaram o acidente em Kegworth. Ainda assim, foi a Pan Am que chamou a atenção por sua ausência, enquanto a British Midland, para crédito seu, mostrou-se firme para enfrentar a situação.

Três anos depois de Lockerbie, a Pan Am fechou, pondo fim a 64 anos de aviação pioneira. Desde que operou seu primeiro vôo em 1927, um avião monomotor que fez a rota entre Key West, na Flórida, e Havana, em Cuba, a Pan Am se tornou líder da indústria. Mas a forma como a empresa lidou com as conseqüências de Lockerbie indicava que alguma coisa já não ia nada bem com sua imagem.

A British Midland foi se fortalecendo cada vez mais, apesar de ter assumido a culpa do acidente em Kegworth e apesar das 47 mortes ocorridas.

Pesar, Causa e Solução aplicam-se a qualquer situação, empresarial ou doméstica, em que algo tenha saído errado.

Recebi uma ligação telefônica de um cliente da indústria de energia elétrica, numa manhã ensolarada de sábado, quando estava passeando de carro. Na mesma semana em que houvera uma queda de energia e uma pequena explosão na usina, o meu cliente agora enfrentava um incêndio. Ele estava me consultando para saber como deveria lidar com a mídia. Eu tratei de recordar-lhe o princípio do Pesar, Causa e Solução, o que deu a ele a estrutura para suas declarações no rádio, na televisão e nos jornais daquele dia.

Em primeiro lugar, ele precisava se desculpar com a comunidade local pelo barulho e pela fumaça que vinham da usina (Pesar). Daí tinha que explicar como o incêndio se iniciara e se tinha sido contido com sucesso (Causa). Finalmente, teria que explicar quanto tempo levaria para tudo voltar ao normal — e o que seria feito para prevenir uma nova ocorrência dessas (Solução). Ele concordou que esse era o caminho a trilhar e se encarregou bem da tarefa no decorrer daquele dia.

Se usado com sinceridade, o princípio do PCS se aplica a todo tipo de circunstância. E é claro que é importante que você faça tudo o que estiver a seu alcance para impedir que o fato se repita.

Use o PCS quando estiver atrasado para uma reunião. Você com certeza detesta se atrasar para um compromisso e acha que é preciso se desculpar o dia inteiro pelo erro aparentemente indesculpável. Mas, calma! Lembre-se de manter as coisas em perspectiva usando o PCS — e ir além de uma simples desculpa:

Eu realmente sinto muito por estar atrasado. (Pesar)
Não avaliei bem o tráfego hoje cedo e fiquei preso num congestionamento. (Causa)

Se você quiser, vou abreviar o meu horário de almoço para garantir que acabaremos a reunião no horário previsto. (Solução)

Voltando ao caso da confusão com o início da partida do torneio de tênis, ali houve um PCS clássico:

- Sentimos muito porque erramos.
- Houve um erro de impressão no horário do início da partida.
- Agora continuaremos o jogo com todas as pessoas em seus devidos lugares (e torceremos para que a partida se prolongue).

Você perceberá que muitas vezes a situação fica ainda pior quando as pessoas dizem o que está errado, mas deixam de se desculpar ou de solucionar o problema. Em outras palavras, elas mostram a Causa, mas não manifestam Pesar nem apresentam a Solução!

Pouco tempo atrás, observei a batalha de uma jovem funcionária de um clube recreativo, durante uma manhã em que a piscina ficou sem toalhas. Ela recebeu todos os membros com a mesma mensagem: "**Não** temos toalhas hoje!" (**Elefante Cor-de-Rosa!**) Esse, naturalmente, era o problema. Qual era a solução? Faltavam tanto o Pesar quanto a Solução.

Escrevi o PCS num pedaço de papel e lhe disse para tentar isto:

- Desculpe-me, mas ficamos sem toalhas hoje de manhã. (Pesar)
- Houve falha na entrega por parte da lavanderia. (Causa)
- Eles nos prometeram que entregarão toalhas limpas às 10:00h, então posso pedir-lhe que use a sua toalha enquanto isso? (Solução)

Evidentemente nem sempre é possível prever exatamente quando o problema será resolvido. E comunicar que está difícil fazer uma previsão é infinitamente melhor do que arriscar um palpite que depois se mostre equivocado.

A companhia de energia elétrica 24seven não esteve à altura do que prometia quando 300.000 dos seus três milhões de clientes no sul e no leste da Inglaterra ficaram sem eletricidade depois de uma tempestade no outono de 2002, alguns deles até por oito dias. Uma série de usuários insatisfeitos declarou pela mídia que uma mensagem telefônica gravada garantia diariamente que a energia voltaria naquele mesmo dia — somente para deixar de cumprir a meta dia após dia. Cada prazo não cumprido provocava nova onda de reclamações.

Houve um inverno em que outra grande fornecedora de energia da Grã-Bretanha sofreu queda de fornecimento numa grande área do interior, depois que uma nevasca derrubou as linhas de força. Num esforço para diminuir o descontentamento dos clientes, eles garantiram que o fornecimento de energia seria restaurado dentro de 24 horas, depois 48 horas, depois 72 horas.

Cada prazo estipulado deixou de ser cumprido por razões válidas. As condições e os danos eram mais graves do que se pensara a princípio.

Anos depois, quando uma nevasca semelhante causou grandes estragos nos fios elétricos da cidade, a companhia de energia elétrica resistiu aos pedidos da mídia para que determinasse um prazo para a restauração do fornecimento de energia. Eles expressaram seu pesar pela falta de eletricidade, explicaram que a neve havia derrubado linhas muito distantes e disseram que estavam trabalhando ininterruptamente, sob temperaturas baixíssimas, para reparar os danos e restaurar a força.

Era impossível dizer quando isso aconteceria, eles salientaram, porque a extensão dos estragos ainda não era conhecida. Dessa vez, a reação dos usuários foi muito mais positiva.

Foi uma lição de como lidar com as expectativas.

Resumo

1   Dizer "desculpe-me" é a melhor maneira de começar a recuperar a confiança num relacionamento depois que algo deu errado.

2   Respeitamos aqueles que se desculpam — e perdemos o respeito por aqueles que pretendem ser infalíveis.

3   Pesar, Causa e Solução é um princípio que oferece uma desculpa, uma explicação e uma saída. Ele leva em conta as expectativas, que depois têm que ser atendidas.

Capítulo 5

Mais vale uma verdade indigesta do que uma mentira inofensiva

"Se disser a verdade, você não precisará se lembrar de nada."
Mark Twain

Antes de mais nada, como você define a verdade? Seria ela a inabalável, inegável, inquestionável verdade ou simplesmente a verdade como a vemos?

Partindo do pressuposto de que os fatos são verdadeiros, pedi a um grupo de líderes empresariais para me apresentar dois fatos do julgamento Lockerbie, em que dois cidadãos líbios foram acusados de explodir uma bomba num vôo da Pan Am, causando a morte de 270 pessoas.

"Um homem era culpado, o outro era inocente", foi a primeira resposta, referente ao veredicto de um tribunal escocês, reunido no Tribunal de Haia.
"Não, isso é uma opinião", respondi.
"Bem, o tribunal considerou um dos homens culpado", veio a resposta reformulada.
"Certo. O tribunal o considerou culpado. E de quem foi essa decisão?", perguntei.

"De três juízes escoceses independentes", veio a resposta.

"Quem disse que eles eram independentes?", provoquei novamente.

"Pensei que eles eram pagos pelo poder judiciário escocês."

"Tudo bem, três juízes indicados pelos tribunais escoceses."

"Certo", respondi. "Agora estamos chegando à verdade e deixando de lado as opiniões."

Lemos, ouvimos e observamos opiniões sendo emitidas diariamente, embaladas como se fossem fatos, muitas vezes porque o apresentador vê essa opinião como sendo uma verdade, algumas vezes porque é do interesse dele.

Eu estava no exterior quando o julgamento de Barry George — acusado do assassinato da apresentadora de televisão Jill Dando — chegou ao fim. O único jornal que consegui encontrar foi o *Daily Express*, que usou toda a metade da primeira página para estampar apenas uma palavra: CULPADO.

Preciso dizer que eu queria que Barry George fosse declarado culpado. Eu tinha lembranças muito queridas dos três anos em que apresentara, ao lado de Jill, o programa *Breakfast News*. Eu queria que a pessoa certa fosse pega, julgada e tirada de circulação. Entretanto, bem no fundo tenho que aceitar que "culpado" é apenas uma opinião, e não um fato.

Era a opinião de dez jurados (um discordou e um foi dispensado) que Barry George tinha assassinado Jill Dando. E na falta de Barry George admitir o crime (e de que essa confissão fosse verdadeira), "culpado" continuará sendo uma opinião.

Pouco tempo atrás, um participante dos meus cursos discordou veementemente dessa questão. O argumento dele era que temos que aceitar que a decisão de um tribunal é verdadeira. Perguntei-lhe por que cargas d'água iríamos querer fazer isso. Ela jamais passará de uma opinião. Não é isso o que se pede aos jurados: que dêem sua opinião?

Às vezes, a única maneira de se definir a verdade é saber até que ponto estamos dispostos a ir para estabelecer os fatos.

Nossa vida é bombardeada pelas opiniões daqueles que têm que marcar pontos, fazer dinheiro e cortar custos. Os políticos nos oferecem opiniões, consultores nos oferecem opiniões, empresários nos oferecem opiniões — todos travestidos de fatos.

São eles os únicos infratores? É claro que não — estamos todos nessa!

- "O serviço aqui é deplorável." Opinião.

- "Não há muito que valha a pena ver na televisão hoje à noite." Opinião.

- "Ele está sempre atrasado." Opinião.

- "Aquela empresa não vale nada." Opinião.

A única maneira de ver essas opiniões como fatos é acrescentar uma frase do tipo "na minha opinião" ou "do meu ponto de vista".

Uma das primeiras coisas que aprendi no jornalismo foi ser cauteloso em relação àquilo que é opinião e o que é fato. "O BMW vermelho chocou-se contra a perua Ford branca" é uma opinião que pode muito bem ser contestada num tribunal. "O BMW vermelho e a perua Ford branca colidiram" é um fato. O bom jornalismo prende-se ao velho ditado: "Se estiver em dúvida, deixe de fora". O mau jornalismo muitas vezes prefere ignorá-lo.

Assim, ao se dirigir às pessoas, como você pode ter certeza de que está dizendo a verdade, em vez de meramente expondo opiniões? Sem dúvida, personalizando o que está dizendo: "Eu realmente acho que o serviço aqui é deplorável" ... "não há muita coisa que me interesse hoje na televisão" ... "tenho a impressão de que ele está sempre atrasado" ... e "acho que aquela empresa não vale nada".

Há duas outras questões que ficam atravessadas no caminho da verdade. Em primeiro lugar, muitos ficam preocupados achando que, se apresentarem apenas parte da história, estarão camuflando a história. Na minha visão, somos altamente seletivos na forma de apresentar nossas opiniões. Na maioria das vezes escolhemos apenas a parte do argumento ou da história que serve para o nosso caso.

Pessoas com formação científica — médicos, engenheiros, físicos, químicos, arquitetos — muitas vezes me dizem que não se sentem capazes de falar sobre um assunto que lhes pediram para expor resumidamente. A mente científica delas fica preocupada com a possibilidade de que muita coisa importante fique de fora.

Na realidade, a maioria das pessoas prefere as manchetes dos noticiários em vez da transmissão de 30 minutos na TV. Assim, ser sucinto inevitavelmente significa deixar de lado alguma coisa. É o caso então de tentar ser equilibrado. Mas, como já vimos antes, devemos sempre nos lembrar de manter a simplicidade e falar por imagens.

Então, essa é a primeira questão que se interpõe no caminho da verdade. A segunda é mais óbvia. As pessoas mentem.

Mentem sobre o peso, a idade, os motivos, o porquê dos atrasos, o que pensam sobre suas roupas, o que acham dos melhores amigos. Prudência é muitas vezes a maior bravura. Quando o seu par lhe pergunta "Será que eu engordei um quilo ou dois?", é uma atitude inteligente responder: "Acho que não!"

Mas estou falando da "mentira inofensiva", dita para disfarçar nossas próprias falhas porque "ela **não** prejudica". (**Elefante Cor-de-Rosa!**)

Discordo totalmente. Ela causa um enorme prejuízo.

Se você diz a um amigo ou colega que está atrasado porque seu carro quebrou e ele descobre que você está atrasado porque saiu de casa muito tarde, ele vai ficar suspeitando dos seus motivos e se perguntando se pode confiar em você.

Por que você mentiu? Você foi incapaz de encarar a verdade ou fez isso por outro motivo? Por que simplesmente não se desculpa, admite que saiu muito tarde e sugere que prossigam sem interrupções e deixem de lado o intervalo do café? Em outras palavras, Pesar, Causa e Solução.

Deixe-me mostrar o contraste entre dois acontecimentos, em nossa casa, no mesmo verão.

O primeiro foi o infame incidente envolvendo o decorador, o aquecedor quebrado esguichando água e o Elefante Cor-de-Rosa. "**Não** subi no aquecedor" foi sua primeira declaração. (E por acaso eu havia dito que ele subiu?)

Esse enorme Elefante Cor-de-Rosa foi a primeira de uma série de mentiras que ele me disse, levando-me a entrar com uma ação judicial contra ele para que pagasse a metade do custo da conta enorme apresentada pelo encanador para consertar o estrago.

Contrastando com esse decorador, tivemos um pau-pra-toda-obra que estava pintando os beirais na frente da casa, a uns seis metros do chão. Do meu escritório no porão, pude ouvir um estrondo, seguido, um minuto depois, por um som que parecia alguém batendo à porta do escritório.

Pálido e salpicado de tinta, Peter estava prestes a fazer uma confissão. "Eu sinto muito", ele começou. "Eu estava bem em cima do beiral quando derrubei a lata inteira de tinta branca. Caiu toda nos seus degraus. Por acaso o senhor teria aguarrás e uns panos para que eu possa limpá-los?"

Pesar, Causa, Solução.

Teria sido difícil pôr a culpa na intervenção divina ou achar qualquer outra razão para que a tinta tivesse caído. Mas sua imediata confissão de uma verdade indigesta, acompanhada de um pedido de desculpas, uma explicação e um plano de ação me fez ficar solidário com ele. Fiquei até mesmo admirado com sua coragem e honestidade enquanto olhava um rio de tinta branca e pegajosa imitar as cataratas do Niágara nos degraus da frente da minha casa.

O mais interessante foi que, quando encontrei Peter anos mais tarde numa festa, achei que o rosto dele me era familiar — embora dessa vez completamente limpo. Foi ele que cruzou o olhar com o meu e exclamou: "Uumm, os degraus!" Eu realmente tinha me esquecido de que fora ele quem derrubara a lata de tinta.

Tivesse ele optado pela "mentira inofensiva" — e teria sido uma pegajosa mentira inofensiva — vê-lo naquele momento teria me aborrecido e eu o teria feito se sentir envergonhado por me encontrar novamente.

Da maneira como tudo aconteceu, nós dois rimos do incidente; porque coisas erradas acontecem e o que importa é como você lida com elas.

Uma questão final: é mais fácil lembrar a verdade porque ela aconteceu. Mentiras são produtos da imaginação. E por isso são esquecidas mais facilmente.

Resumo

1   A única forma de definir a verdade é saber até que ponto estamos dispostos a ir para estabelecer os fatos.

2   A verdade é realidade, enquanto a mentira é produto da imaginação.

3   Uma vez descoberta a mentira, fazemos papel de mentiroso.

Capítulo 6

Obrigado pelo trabalho bem-feito

"Bem-feito é melhor do que bem dito."
Benjamin Franklin

Era quase meia-noite na cidade de San Sebastian, no norte da Espanha. Junto com toda a equipe de produção, eu estava trabalhando desde as 7:00 horas da manhã, filmando o concurso anual da BBC, *O Homem Mais Forte do Mundo*.

Estávamos todos em frangalhos mas, apesar dos contratempos habituais, a filmagem transcorrera bem. O último evento do dia, montado num restaurante ao ar livre, acabara há menos de dez minutos e agora estávamos todos prontos para beber alguma coisa no bar.

Como sempre, Simon Betts, o produtor, foi o primeiro a pôr a mão no bolso. Enquanto enfiava uma cerveja gelada na minha mão, ele começou: "Mestre" (ele chamava todos os homens de "mestre"), "foi um excelente dia de trabalho. Os seus textos foram bem escritos. As intervenções para as câmeras ficaram brilhantes e superanimadas e as observações foram pungentes e no alvo. Um trabalho bem-feito!"

Eu me senti como se tivesse recebido um milhão de dólares. Esse era meu primeiro grande emprego como apresentador para a audiência da BBC espalhada pelo Reino Unido. O *show* seria exibido pela rede da BBC para um público de mais de 13 milhões de pessoas e vendido para o mundo inteiro. Francamente, eu o teria feito sem ganhar nada, mas estava sendo bem pago pelo privilégio.

Minha confiança sempre fora alta. E eu sempre me dedicara ao máximo a cada trabalho que executara antes. Então, por que estava sendo tão bom dessa vez? Muito simples, Simon Betts era o primeiro produtor/editor/chefe de reportagem a dizer em detalhes do que gostara no meu trabalho. Na verdade, tanto quanto me lembro, ele foi a primeira pessoa em meus 14 anos de jornalismo, rádio e televisão a me agradecer pelo meu dia de trabalho.

Agora vou lhe fazer duas perguntas: com que freqüência lhe agradecem calorosa e amplamente por um bom dia de trabalho ou por você ter dado uma ajuda? Ou com que freqüência você agradece à sua equipe, colegas, família ou amigos com a quantidade de elogios que eles merecem? Eu me arriscaria a dizer que a resposta para ambas é: "com menos freqüência do que o merecido".

Alguns anos depois de San Sebastian, eu estava fazendo uma apresentação do curso de treinamento de capacitação para uma diretora muito antiga do setor financeiro. Chegamos no assunto da motivação e eu recordei a história de Simon Betts. Ela me pareceu um tanto indiferente ao que eu acabara de dizer, então perguntei o que ela dizia à sua equipe quando saíam do escritório à noite.

"Eu lhes pergunto com o que contribuíram para a empresa naquele dia", ela respondeu.

Houve uma pausa embaraçosa enquanto eu remexia minha mente à procura de um comentário adequado ao que ela dissera. Tudo o que consegui fazer foi repetir debilmente a resposta dela, que foi confirmada em seguida. Então lhe perguntei que impacto ela achava que isso causava nos colegas.

"Fará com que eles pensem mais a fundo sobre o que deveriam estar fazendo", ela replicou.

"Ou então vai fazer com que questionem por que se incomodaram em trabalhar tanto naquele dia se seus esforços não foram reconhecidos", eu sugeri.

Com freqüência me pergunto o que ela anda dizendo nestes dias à sua equipe e se alguém gosta de trabalhar com ela.

Tive o prazer de trabalhar com Simon Betts em duas produções posteriores de *O Homem Mais Forte do Mundo*. Coloco essas três gravações de sete dias entre os mais árduos trabalhos que enfrentei.

Tomávamos o café geralmente entre seis e sete horas da manhã e muitas vezes trabalhávamos direto até dez ou onze da noite. Depois de San Sebastian, o programa no ano seguinte foi gravado na Finlândia durante uma onda de calor, e o meu último programa foi rodado em Tenerife, no ápice do verão das Canárias. Mas, enquanto as lojas e bares de Tenerife fechavam todos os dias para a sesta, a equipe da BBC continuava a trabalhar.

Simon nos mantinha em ação durante todo o calor da tarde. Ele era extremamente minucioso. Quando não ficava satisfeito com uma determinada tomada, pedia para regravar. Vezes e mais vezes, até ficar satisfeito com o resultado.

Mas ele era respeitado por nós. Na verdade, acho que ele teria apresentado o programa melhor do que eu. Ele trabalhara como produtor de *set* no *Morecambe and Wise Show* da BBC TV nos anos de 1970, geralmente considerado o melhor programa de entretenimento leve na sua categoria.

Em resumo, Simon sabia exatamente o que queria e, o mais importante, sabia como conseguir isso da sua equipe.

Os elogios dele, entretanto, acabaram por me criar um problema. Como esse tipo de elogio era novo para mim, eu me sentia desconfortável em aceitá-lo. Normalmente murmurava uma resposta que sugeria que eu não era merecedor do elogio e que a tarefa dele era mais difícil como produtor/diretor.

Enquanto isso, o *cameraman*, que já havia trabalhado muitas vezes com Simon, respondia simplesmente "Obrigado, Simon. O prazer foi meu. Você também fez um ótimo trabalho". Simples, na verdade.

Refletindo a respeito, percebi que Simon preferia que eu aceitasse seus elogios, em vez de rejeitá-los. É como enviar a alguém um ramo de flores especialmente escolhidas, apenas para ouvir um "não, obrigada".

Por isso eu decidi me esforçar para aceitar os elogios.

A maioria dos americanos faz isso sem esforço. Temos uma amiga americana, nascida e criada na Carolina do Sul, lugar onde se esbanja educação. No casamento de Elizabeth, em Charleston, eu fiquei olhando a noiva maravilhosa sendo coberta de cumprimentos com relação à sua aparência, à escolha do marido ... tudo. Ela poderia, constrangida, ter rejeitado os cumprimentos, provocando mal-estar nos convidados. Em vez disso, ela fazia o que lhe ocorria naturalmente, respondendo "Ora, muito obrigada" a cada leva de cumprimentos. E dizia isso de coração.

No terceiro ano de *O Homem Mais Forte do Mundo*, eu já aprendera muito sobre o modo de ser de Simon Betts. A equipe, na última noite no hotel, estava chamando a atenção para a magnífica piscina que não tinha sido usada por nenhum de nós, por causa das longas horas de trabalho. Exatamente nesse momento, Simon se aproximou de mim e disse: "Mestre, mais uma vez, obrigado pela ótima jornada. O trabalho de todos foi muito bem-feito. Programamos acabar pontualmente amanhã. Agora são 6:00 da manhã. Boa hora para o café da manhã?"

Claro que era. Três horas da manhã também seria bom, ainda mais quando o ambiente é bom, o chefe é respeitado e nos sentimos seguros por saber que ele valoriza o nosso trabalho.

Sempre me lembro dessa lição e muitas vezes agradeço aos meus colegas pelo que fizeram. Às vezes me esqueço, na correria do dia, de agradecer à minha secretária, depois de liquidarmos juntos uma pilha de trabalho. Então, telefono para a casa da Angela, apenas para lhe dizer "obrigado". Sei que ela dá valor a isso.

Tente. Você vai se sentir melhor, da mesma forma que as pessoas que merecem seus elogios. E lembre-se, quando receber um cumprimento, aceite-o! Deposite-o no banco. E da próxima vez que a sua confiança for posta à prova, haverá uma reserva suficiente no banco para você ficar no positivo, com sua confiança intacta.

Resumo

1   Dizer "obrigado pelo trabalho bem-feito" demonstra a sua satisfação. Aumenta a confiança em si mesmo e a da pessoa a quem estamos agradecendo.

2   Promove a lealdade, enquanto a falta de reconhecimento gera indiferença.

3   Quando alguém lhe agradecer, aceite essa gratidão com boa vontade. Coloque-a no banco e veja como a sua confiança cresce.

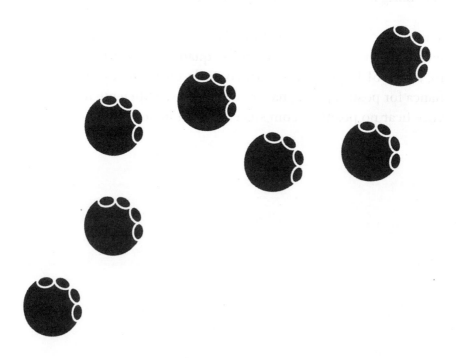

Capítulo 7

Quando se faz uma crítica em público, quem é que fica parecendo um idiota?

*"Venham mães e pais de todas as terras do mundo ... e não
critiquem o que não puderem compreender."*
Bob Dylan, "The Times They are A-Changin"

Se "obrigado pelo trabalho bem-feito" é a melhor maneira de fazermos um elogio, como devemos fazer uma crítica?

Em primeiro lugar, uma confissão. Esse é um erro que eu sempre cometo. E numa ocasião de forma espetacular, quando eu estava jantando com minha família numa noite de verão na cidade escocesa de Pitlochry.

Eu estava lá a serviço com um colega e, enquanto trabalhávamos na destilaria Diageo Blair Atholl, Caroline levou as crianças para conhecer as atrações turísticas. Lá pelo meio da tarde, estávamos famintos e frustrados com a falta de mesas disponíveis nos restaurantes.

Ficou claro que seria impossível arranjar uma mesa para seis pessoas, e assim, com relutância, dividimo-nos em dois grupos de três, ficando as crianças num canto do restaurante, enquanto Caroline, eu e Jonathan no outro.

Quase chegando a hora de fechar, as crianças, uma a uma, foram se esgueirando para a nossa mesa, aborrecidas e cansadas. O proprietário, nesse meio tempo, começou a usar a mesa delas para empilhar os copos vazios, agora que o restaurante já não estava mais cheio. Nesse momento, as crianças voltaram para a mesa delas para acabar de tomar os refrigerantes. Quando Emma, então com 12 anos, levantou o copo para dar um último gole, o proprietário berrou: "**Não** brinque com os copos. (**Elefante Cor-de-Rosa!**) Você vai quebrá-los".

Agora sei que eu deveria ter ido até ele e explicado pacientemente que minha filha estava bebendo do próprio copo, mostrando-lhe educadamente que a mesa dos meus filhos estava sendo usada como mesa de apoio para a louça suja do restaurante.

Mas, pelas mesmas razões que me irritaram no caso do tíquete de estacionamento meio mastigado — eu estava cansado e despojado de qualquer polidez profissional —, reagi de forma diferente.

Caroline e eu nos levantamos juntos, como uma leoa e um leão que sentiam sua cria em perigo.

"Desculpe-me", comecei num tom alto de voz.

"Talvez se o senhor tivesse a gentileza de manter a louça suja das outras pessoas fora da mesa dos meus filhos, teria sido capaz de perceber que eles estão bebendo no copo deles."

É claro que isso somente provocou uma reação pior.

"**Não** me diga como tocar o meu restaurante", o proprietário, vermelho como um pimentão, rugiu de volta. (**Elefante Cor-de-Rosa!**)

"Obviamente você poderia fazer isso melhor com alguns conselhos", retruquei, "porque evidentemente o senhor **não** tem a menor idéia do que é atendimento ao cliente. (**Elefante Cor-de-Rosa!**) Na verdade, tendo testemunhado seu comportamento, eu ficaria surpreso se qualquer uma dessas pessoas que estão aqui hoje à noite quisesse voltar".

Umas trinta pessoas, provavelmente desfrutando do prazer de comer fora numa noite calma, tinham sido pegas em meio a uma zona de guerra. Todas pareciam com medo de se mexer, temendo desencadear outro tiroteio. Talvez tenhamos arruinado a refeição delas. Talvez tenhamos lhes dado motivo para uma gostosa gargalhada. Sem dúvida, nós lhes proporcionamos um polêmico assunto para conversa.

E como será que encararam tudo isso? Bem, provavelmente a maioria delas tinha perdido o começo, exceto o proprietário, e assim foram jogadas no meio do fogo cruzado quando da minha grotesca explosão. Por isso eu pergunto: quem fica parecendo um idiota quando faz uma crítica em público?

Pensando bem, eu devo ter parecido um grosso. Na minha pressa de consertar um erro, quebrei uma regra básica: critique em particular, elogie em público. Tenho certeza de que muitas pessoas que estavam jantando ali se sentiram pouco à vontade com a experiência. Tenho certeza que meus filhos ficaram mortificados (mais uma vez)!

Ironicamente, eu deixei uma boa gorjeta para a garçonete que tinha sido muito gentil. Assim, completei o crime ao elogiá-la em particular enquanto criticava seu patrão em público. Pelo menos, eu poderia ter me lembrado de que, quando alguém aponta um dedo na direção dos outros, três dos dedos dessa mesma mão estão apontando para trás, na sua direção!

Mas, quando a emoção entra por uma porta, a lógica sai pela janela — daí a "cena" em Pitlochry.

Corrigir um colega, um companheiro ou um amigo em público, sobre um fato que se acha incorreto, é um erro. Será que importa sua mulher dizer que você tirou férias em julho do ano passado, quando na verdade foi em agosto? Por que você a corrige? Esse é um dado crucial da história? E como é que ela fica se sentindo?

Se o seu companheiro está contando uma história engraçada de quando os filhos ainda eram crianças, o que interessa se nessa ocasião seu filho tinha sete anos em vez de seis? Como a sua observação vai ajudar no relato da história?

Quando seu colega diz que você estava em Leeds na semana passada para a reunião em torno de um novo projeto, você precisa mesmo corrigi-lo e dizer que isso aconteceu há duas semanas?

Eu me descobri tentando justificar minhas correções, embora elas realmente só tenham importância se uma ligeira imprecisão levar a uma confusão ou a uma interpretação equivocada. Caso contrário, deixe pra lá!

Informações erradas ferem o nosso senso do que é certo ou errado. Mas qual é o crime maior: agüentar um fato errado ou deixar seu companheiro, amigo ou colega de trabalho bravo, sem graça ou envergonhado?

Agora tenho uma regra: por acaso você não ficaria de boca fechada diante de um erro simples de um cliente? Então por que deseja perturbar as pessoas que mais ama e respeita? O problema é que aparentemente elas aceitarão sua crítica mais facilmente. Mas isso é uma desculpa patética.

Assim, da próxima vez que sentir aquela comichão para fazer uma crítica em público, conserve a boca fechada. Você vai se sentir bem melhor por ter exercitado o seu autocontrole. Quanto a elogiar em público, volte para o "obrigado pelo trabalho bem-feito", o melhor tônico não-medicinal depois de um dia de trabalho estafante.

Mas raramente observamos isso. O que percebi é que precisamos ter confiança de sobra para podermos passar alguma para nossos filhos, amigos ou colegas. E, como muita gente parece ter um bocado de falta de confiança, o elogio sai com muita dificuldade.

Eu estava jogando golfe com um amigo que, na hora de saudar uma belíssima tacada que chegou perto de dois metros e meio da bandeirola, dizia "precisamente curta" em vez de dizer "grande tacada". Mais tarde, na sede do clube, estávamos falando sobre as nossas lembranças da infância e ele contou que seus pais eram pessoas frias, que tinham dificuldade em elogiá-lo, apesar do seu evidente sucesso na vida.

Aquilo explicava tudo. Ele simplesmente achava quase impossível elogiar tanto os parceiros quanto os adversários no campo de golfe, porque não sabia como fazer isso. Estava mais acostumado a ouvir críticas e era por isso que suas tentativas de elogiar fracassavam.

Fico frustrado vendo pais tensos criticando os filhos quando estamos assistindo as crianças jogarem rúgbi ou futebol nas manhãs de sábado. Meu filho e seus companheiros de equipe muitas vezes estão com frio, molhados, cansados, frustrados e, às vezes, perdendo. Será que eles realmente precisam ter a sua já minguada confiança ainda mais combalida por homens de meia-idade que não foram bem-sucedidos em suas próprias ambições esportivas?

A crítica é como uma adaga cravada no coração dos mais jovens, e de muitos adultos também.

Quando eu tinha 8 anos, o homem que seria o meu único professor durante os três anos seguintes me disse no meu primeiro dia de aula: "McFarlan, você será um fracasso, igual ao seu irmão".

Obviamente, os três anos que meu irmão passou na classe dele não lhe causaram muito impacto. Hoje ele é um bem-sucedido operador da área financeira e mal se lembra das zombarias do professor. Mas desde então meu objetivo passou a ser o de evitar a crítica, fazendo um trabalho que vá além das expectativas. E, se ainda assim a crítica é iminente, acho difícil suportar.

A crítica fere o nosso senso de justiça. Muitas vezes demonstra falta de respeito pela pessoa a quem é dirigida. E sempre vale a pena considerar qual o impacto que provocará antes de abrirmos a boca.

Caroline e eu encaramos como uma missão elogiar os triunfos alcançados pelos nossos filhos e encorajá-los quando as coisas não dão certo. É claro que, como pais, nós também erramos. Mas vale a pena lembrar as palavras sábias de um velho ditado: "A criança que vive debaixo de críticas aprende a condenar". O que me leva a acrescentar: "A criança que recebe estímulo aprende a ter confiança. A criança que recebe elogios aprende a agradecer".

A crítica construtiva, feita em particular, é uma questão totalmente diferente. Descobri que o hábito de prestar atenção à crítica construtiva dirigida ao meu trabalho ou ao meu comportamento tem ajudado a melhorar o meu desempenho e a minha maneira de agir. Assim, quando fizer uma crítica construtiva, faça-a como se ela fosse o recheio de um sanduíche, feito de elogios àquilo que está sendo feito corretamente.

As pessoas devem saber o que estão fazendo de errado, mas também precisam saber como corrigir seus erros. Somente faça uma crítica se puder sugerir um modo melhor de fazer as coisas.

Assim, que tipo de criança ou, se for o caso, de empregado você gostaria de moldar? Isso depende de você. Mas, em qualquer situação, seja em casa, no trabalho ou numa saída noturna, quando você faz uma crítica em público, quem é que faz papel de idiota?

Evite o sarcasmo (ou você já deu um jeito de se livrar disso sozinho?)

Num dia quente de férias, nossa filha mais velha, Victoria, estava indecisa se iria se juntar a nós num passeio de pedalinho pela baía ou se esperaria na praia. O rapaz que cuidava dos pedalinhos, aborrecido pela demora da decisão, saiu-se com um sarcasmo clássico.

"Vamos, decida-se. **Nem** todo mundo está de férias", ele a pressionou impaciente. (**Elefante Cor-de-Rosa!**)

"Ainda bem que alguns de nós estão", disparei de volta. "De outra maneira, você ficaria com todos esses pedalinhos lhe fazendo companhia aqui na praia." (Sim, de fato, sarcasmo inútil gera ... mais sarcasmo inútil.)

Numa noite escura, esperando para pegar Emma numa aula de dança, percebi um carro posicionado em ângulo reto com as luzes de marcha à ré acesas. Uma olhada rápida me assegurou que o motorista tinha espaço mais do que suficiente para passar por mim de ré. Então, voltei meus pensamentos rapidamente para a partida de futebol que eu estava escutando pelo rádio.

Alguns minutos se passaram até que um senhor mais velho deixou o assento do motorista, abriu a porta e gritou para mim:

"Exatamente quanto tempo vou ter de esperar para que você se mexa?"

Surpreso com o tom de voz dele, ainda piorei a situação respondendo: "Você poderia ter ido de ônibus!"

"Bom, como eu **não** tenho um ônibus", ele continuou (**Elefante Cor-de-Rosa!**), "por que você simplesmente **não** afasta o carro?" (**Elefante Cor-de-Rosa!**)

Ao que respondi: "Diga-me, em que idade precisamente um homem se torna um velho gagá?"

Lá estava eu novamente! Era novamente a cena do tíquete meio mastigado, contaminado com AIDS. Sarcasmo em excesso, pouca humildade, ausência completa de pedido de desculpas. Pessoalmente, atribuo a culpa de tudo a meu professor do primeiro grau.

O problema é que o sarcasmo é como uma espada afiada. Um golpe rápido e o seu adversário pode ser cortado em dois. Mas por que se apressar em usá-lo? Não é suficiente saber que se tem uma espada afiada à mão para ser usada em situações graves, sem precisar decapitar, pelo menos metaforicamente, um senhor de idade?

Você deve ser tão corajoso, Bill! Acrescente o escalpo dele ao da mulher da cabine do tíquete e ao do proprietário do restaurante de Pitlochry. Deus, estou tão orgulhoso porque você mostrou a todos eles quem você é! Epa, estou sendo sarcástico de novo!

A minha querida avó costumava me dizer: "Você é tão afiado que vai cortar a si mesmo". Ela estava certa, e também corto outros que têm a infelicidade de pisar nos meus calos. Mas espere aí. Você aprendeu quando criança assim como eu que "Paus e pedras podem quebrar meus ossos, mas insultos **nunca** vão me ferir"? (**Elefante Cor-de-Rosa!**)

Só que eu sinto que as palavras do poema de Barry Wade sobre intimidação são bem mais apropriadas. Começa assim:

"Paus e pedras podem quebrar meus ossos
Mas as palavras também podem me machucar
Pedras e paus apenas atingem a pele
Enquanto as palavras são fantasmas que me assombram."

As palavras podem ser tremendamente ferinas, especialmente quando ditas com sarcasmo. A minha resolução é lembrar-me de que o sarcasmo é a forma mais baixa de senso de humor ... e vamos deixá-lo para os comediantes, que fazem isso com muito mais graça.

De qualquer forma, como se define o que é engraçado? Você ri de todas as brincadeiras ou comentários "engraçados" que ouve?

Segundo a minha experiência, um comentário só é divertido se for engraçado para quem o faz E também para quem o escuta. Por isso o humor autodepreciativo é, do meu ponto de vista, o único seguro. Os comediantes judeus podem ridicularizar hábitos judeus. Os humoristas negros podem rir da sua própria raça. Homens podem fazer piadas sobre homens. Mas quando o humor é dirigido para fora em vez de se voltar para dentro, pode parecer ao mundo inteiro uma arma perigosa.

Quando o dono da cadeia de joalherias Gerald Ratner fez piada a respeito da qualidade dos seus produtos, talvez tenha cometido um erro ao acreditar que estava dirigindo seu humor para si mesmo. Afinal, ao descrever os cristais da empresa como "puro lixo", quem mais poderia ser o alvo da piada senão a Empresa Ratner? O comentário foi feito para o Instituto de Diretores em 1991, durante um discurso no qual Ratner também se vangloriou de que alguns brincos que vendia eram mais baratos do que um sanduíche, acrescentando que o sanduíche provavelmente durava mais.

Com uma considerável ajuda do jornal *Sun*, que estampou a manchete "Puro Lixo" na primeira página, o humor saiu pela culatra. Os clientes começaram a devolver o que tinham comprado, exigindo o dinheiro de volta. Alguns reclamaram que tinham se sentido o objeto da piada. Em semanas, a gafe causou um enorme prejuízo aos negócios. No total, a avaliação foi a de que a piada enxugou 500 milhões de libras do valor da empresa. Ratner saiu de lá no ano seguinte e o seu nome foi retirado das fachadas dos revendedores, dois anos depois.

Logo depois de assumir o cargo, um ex-chefe de polícia de Strathcly-de contou uma piada, num jantar num clube de críquete. Entretanto, quando a piada saiu nos jornais, ele foi rotulado de "racista". Um amigo locutor que estava presente no jantar me disse que a brincadeira tinha sido apreciada tanto pelo público como pelo convidado de honra, o grande e versátil inglês Basil D'Oliveira, que tinha sofrido uma verdadeira violência racial durante sua notável carreira.

Ainda assim, a piada soou mal quando reproduzida pela imprensa, fora do ambiente da reunião. Muitos anos depois, quando o chefe de polícia se aposentou, o rótulo de "racista" ainda lhe era aplicado, como um curativo numa ferida que se recusa a fechar. As pessoas que se sentem ofendidas costumam leva muito tempo para esquecer. Algumas vezes até se recusam a perdoar.

Agora, tendo feito essa saudável advertência com relação ao humor, devo dizer que acredito que infelizmente esteja faltando humor em boa parte da comunicação. Quando pergunto socialmente a amigos e colegas quais são as novidades, eles muitas vezes preferem me contar o incidente mais engraçado do dia em vez das notícias mais importantes do mundo dos negócios.

Mas, no mundo empresarial, as pessoas freqüentemente preferem se resguardar e evitar o humor. Na verdade, elas estão trilhando um caminho perigoso e flertando com o risco real de que o público se aborreça com mais uma apresentação destituída de humor. Algumas das pessoas que mais ganham nas apresentações, tanto no teatro quanto na televisão, são as que têm mais senso de humor. Elas conseguem arrancar um sorriso da face coletiva de suas platéias, apenas com algumas poucas palavras bem escolhidas.

O desempenho de um ministro do governo que se demitiu pouco tempo atrás me demonstrou o poder do humor autodepreciativo. O avanço político de David Mellor foi interrompido pelas revelações arrasadoras sobre sua vida pessoal. O partido dele, Conservador na ocasião, era muito impopular na Escócia. Os detalhes obscenos servidos de bandeja nos tablóides, relatando sua bancarrota política, contribuíram para sua total humilhação. Apesar disso, ele se colocou diante de 500 céticos, em Glasgow, reduzindo a frangalhos a própria reputação. Ele manteve a lealdade do público e foi ovacionado de pé.

Para que o humor seja eficiente, é preciso considerar o modo como ele será recebido pela platéia.

Eu estava num jantar formal e importante quando o orador convidado engatou num discurso enfadonho de 20 minutos. A fala em sua maior parte era seca e factual, até que ele decidiu nos "entreter" com um dito espirituoso, que se revelou a piada antifeminista mais ofensiva que já tive a infelicidade de ouvir. Envergonhado diante das duas mulheres presentes à nossa mesa, quando ele se sentou fui levado a comentar: "E eu que pensei que todos os machões já estivessem mortos e enterrados". Uma mesa formada só de mulheres deixou o salão.

Como foi que ele avaliou tão mal a situação? Talvez o humor dele tenha ficado preso a eras passadas. Talvez ele apenas tenha deixado de se perguntar como o público reagiria. De qualquer maneira, ele errou.

Um outro perigo é contar com um roteiro escrito, a ser seguido rigidamente, sem levar em conta a reação da audiência.

Ao apresentar um discurso em seguida a um jantar, muitas vezes descarto algumas histórias um pouco antes de usá-las porque outras até "melhores" do que elas não foram bem recebidas. Mas eu soube de um casamento em que o pai da noiva arrastou-se pesadamente de uma piada sem graça para outra, com pouca receptividade por parte dos ouvintes, até que, depois de virar mais uma página, depois de outro silêncio lúgubre em resposta a uma piada, ele começou: "Não, mas falando sério..." A essa altura, a platéia desatou a rir. Dele, não com ele.

O meu humor favorito são os gracejos ditos em torno da mesa de jantar. Esse é o lugar em que nos divertimos como se fôssemos uma família. É quando as pessoas mais fechadas, que estão participando de cursos de treinamento, morrem de tanto rir. É onde uma noite fora torna-se um programa divertido. É também onde de vez em quando eu me complico por ultrapassar os limites.

Assim, use o senso de humor que a maioria das pessoas tem, ainda que às vezes escondido, mas antes pense se você mesmo acharia graça se estivesse na posição de ouvinte.

Resumo

1   *A crítica destrutiva feita a crianças ou a adultos destrói a autoconfiança deles e muitas vezes os tornam críticos também.*

2   *Só faça críticas em particular e tenha a certeza de que é capaz de explicar como as coisas podem ser feitas de uma forma melhor.*

3   *Usar o humor é ótimo. Apenas certifique-se de que todos acham o seu senso de humor divertido.*

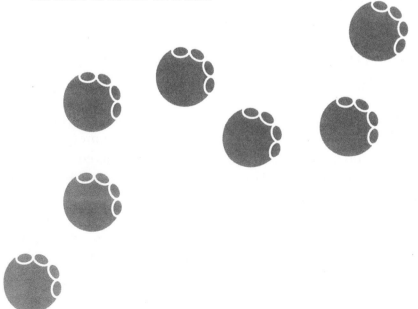

Seção Três

Imponha-se de maneira positiva

Capítulo 8

Descarte as palavras que enfraquecem a sua mensagem

"Não adianta nada dizer que 'estamos fazendo o melhor que podemos'. Temos de conseguir fazer o que é necessário."
Winston Churchill

Na Grã-Bretanha, vivemos com a maldição da falsa modéstia. A modéstia, creio eu, é uma coisa boa. Ela costuma manter os acontecimentos em perspectiva. Uma pessoa modesta aceita que você a cumprimente por seu bom gosto no vestir ou por seu trabalho, enquanto um pretensioso busca aprovação, muitas vezes quando ela é menos justificada.

Mas o que eu entendo por "falsa modéstia" é a necessidade de prefaciar qualquer realização com uma autodepreciação colocada nestes termos: "meu gosto para roupas é péssimo", "minha letra é terrível" ou "sou um péssimo jogador de golfe".

Algumas pessoas fazem isso o tempo todo, tratando de fazer a autocrítica, como elas a vêem, antes que outros as critiquem. A realidade é que, em geral, elas são as únicas críticas.

A maioria das pessoas, entretanto, se contenta com uma forma mais sutil de falsa modéstia ao diluir suas observações com infindáveis e inúteis expressões limitadoras. As palavras que usam são todas elas membros da "família das palavras enfraquecedoras", porque todas enfraquecem a mensagem, sempre.

São palavras e expressões como "provavelmente", "possivelmente", "normalmente", "relativamente", "razoavelmente", "regularmente" e "ter esperança de". Às vezes a elas podem se juntar: "esporadicamente", "raramente" e "ocasionalmente".

Imagine que, numa entrevista de emprego, você se descreva como "razoavelmente" bem qualificado para o emprego. Você "tem esperança de" se adaptar ao resto da equipe, já que é "regularmente" bom no trabalho em conjunto. Você é "provavelmente" a pessoa certa para o emprego e pode-se dizer que é "normalmente" pontual.

Pessoalmente, a essa altura, eu já estaria vasculhando os meus papéis em busca do currículo do próximo candidato!

Certa noite, alguns anos atrás, concordei em ajudar um amigo meu, também jogador de golfe, que estava preocupado por ter descoberto que faltava dinheiro na máquina de jogo do seu clube de golfe. O comitê do clube, para nossa surpresa, relutou em mover uma ação contra a pessoa responsável por carregar e descarregar a máquina. Nós nos encontramos com o capitão do clube para perguntar-lhe se achava que o empregado em questão era honesto.

Ele pensou um pouco e então se dirigiu ao meu amigo e disse: "É relativamente honesto".

"*Relativamente* honesto?", eu gaguejei. "Será que eu teria sido *relativamente* honesto se viesse disputando honestamente uma final de campeonato com você, mas, então, no buraco decisivo eu trapaceasse?"

Ele considerou essa pergunta ridícula e comentou que estava difícil encontrar pessoas honestas para trabalhar em equipe. Eu fui mais fundo e lhe disse que a palavra "relativamente" já colocava em dúvida a honestidade da pessoa. Na verdade, enfatizava a desonestidade dela.

Meu irmão estava entusiasmado com a cobertura dada pelo jornal local aos seus cursos para locutores de rádio. Enquanto me mostrava a página inteira aberta, John me perguntou qual a palavra que ele se arrependia de ter usado.

Percorri a página com os olhos. Tudo era muito positivo, exceto por uma ligeira escorregadela. "*Espero* que os alunos aprendam muito com o curso"?, sugeri.

"Certo", disse John. "Estou convencido de que eles aprenderão muito, então por que eu disse 'espero'?"

Era mais um caso de falsa modéstia e um bom exemplo de enfraquecimento da mensagem.

Outra maneira de fazer isso é começar cada sentença com "eu acho", quando isso é totalmente desnecessário. Dizer "eu acho que até amanhã eu consigo apresentar um orçamento", é o mesmo que se esquivar das suas responsabilidades. Se retirar o "eu acho", você assume um compromisso. De vez em quando usamos "eu acho" em vez de "eu acredito piamente".

Entretanto, "eu acredito piamente que esta empresa dobrará de tamanho em dois anos" é uma declaração corajosa comparada com "eu acho que esta empresa dobrará de tamanho em dois anos". Eu só invisto o meu dinheiro em quem acredita no próprio futuro. Preste atenção, quem só "acha" provavelmente também está certo!

De qualquer modo, é perfeitamente aceitável ter uma crença firme que se prova equivocada. Afinal era uma crença, mais do que um fato. Mas o que há de errado em arriscar estar certo?

Tenho certeza de que fazemos isso na Grã-Bretanha, e especialmente no lugar de onde venho, no oeste da Escócia, para não sermos considerados arrogantes. Parece que esse temor é o que determina o tom da nossa linguagem. Todavia, só me deparei com um punhado de pessoas que considero realmente arrogantes, mas com milhares que padecem de falta de confiança em si mesmos. E, mesmo assim, aposto que aquelas que dão a impressão de serem arrogantes também têm pouca autoconfiança.

É fácil identificar a arrogância por meio das palavras que as pessoas escolhem para se descrever. Em vez de dizer: "Eu sou um vendedor experiente", a pessoa arrogante diz: "Eu sou um vendedor extremamente experiente".

Mas a falsa modéstia levaria essa pessoa a dizer: "Eu sou um vendedor razoavelmente experiente". Mesmo depois de uma vida inteira dedicada a esse ramo de atividade, a descrição fica tão fraca a ponto de se tornar imprecisa.

Por isso jogue fora as palavras que enfraquecem o peso das palavras e assuma o crédito por aquilo que você deu duro para alcançar.

E, enquanto estiver fazendo isso, por favor, descarte mais duas expressões detestáveis: "Vou tentar ..." e "Vou fazer o possível".

Em primeiro lugar, pegue este livro e tente colocá-lo no chão. Agora, se já o pôs no chão, você não fez o que eu pedi. Eu lhe pedi que *tentasse*. Então, quando o pôs no chão, você deixou de *tentar*, se é que está me entendendo.

Então, por que cargas d'água dizemos aos nossos filhos: "Vou tentar pegá-lo às oito horas"? Isso só os deixa inseguros em relação à hora que nos daremos ao trabalho de aparecer.

Eu já fiz isso, somente para depois ficar me perguntando por que deixei minha filha insegura quanto ao horário, quando a única coisa que eu tinha a fazer era me arrancar da frente da transmissão ao vivo da partida de futebol pela televisão e chegar lá na hora. Eu faria isso com um cliente? Certamente que não! Então por que fazer isso com uma das pessoas de quem mais gosto no mundo?

Certa vez, fui anfitrião num jantar beneficente, ao lado do falecido Arne Naess, o magnata da marinha mercante norueguesa e montanhista, que era casado com a lendária cantora internacional Diana Ross. Arne me contou que precisava enfrentar constantemente as perguntas da mídia em relação a seu casamento transatlântico, já que Diana morava nos Estados Unidos enquanto ele passava a maior parte do tempo na Grã-Bretanha. Mais tarde eu lhe mostrei algumas formas de lidar com essas perguntas e sugeri como responder àquelas que envolviam a estabilidade do relacionamento.

Enquanto me contava histórias da sua vida fascinante, eu alternava entre comentários insignificantes e um silêncio assombrado, mas o episódio de derrubar o queixo foi a descrição da cerimônia de casamento com Diana. Ele me contou: "Quando me perguntaram se eu prometia 'amar e respeitar essa mulher até que a morte os separe', respondi: 'Bem, certamente vou *tentar...*'" O seu casamento anterior tinha fracassado, ele me explicou. Ele achou irrealista fazer aquela promessa sabendo que poderia não corresponder à verdade. Li, com tristeza, em fevereiro de 2000, que a explicação de Arne para a escolha das palavras tornou-se uma profecia cumprida. O casal se divorciou depois de 14 anos de casados.

Quando comecei a censurar o "vou fazer o melhor que puder", durante um curso de treinamento, um amigo próximo reagiu e disse que usava essa frase o tempo todo e acreditava nela. Steven dirige um estúdio fotográfico muito bem-sucedido. O melhor dele já bastaria para manter felizes os clientes, graças ao excelente serviço que prestava.

Entretanto, comentei que o melhor *dele* e o melhor *de mim* poderiam ser duas coisas inteiramente diferentes. Para explicar o que eu queria dizer, tivemos uma longa conversa na qual pedi mais uma remessa de filmes e ele me pediu que primeiro pagasse o que eu estava lhe devendo. Quando a conversa estava por terminar, Steven me perguntou: "E então, dá para você aparecer por lá no sábado com aquele cheque? Então eu lhe entregarei outra remessa de filmes".

Hesitei por um segundo e respondi: "Steven, farei o melhor que puder".

Steven caiu na gargalhada, admitindo que o *meu* melhor poderia não servir como garantia da entrega do cheque.

"Vou fazer o melhor que puder" é, com freqüência, uma expressão bem-intencionada. Mas lembre-se, de boas intenções o inferno está cheio!

Telefonei certa vez a uma firma de entregas, pedindo que me garantissem a entrega de um pacote para um cliente até o meio-dia do dia seguinte. "Farei o melhor que puder", foi a resposta. Talvez apenas um "vou tentar" tivesse provocado uma reação menos favorável.

"Sinto muito", respondi, "preciso que você se comprometa a entregar".

"Estou lhe dizendo que farei o melhor que puder", veio a resposta levemente ofendida. "Eu **não** posso fazer mais do que isso. **(Elefante Cor-de-Rosa!)** Sabe, **nada** é garantido nesta vida." **(Elefante Cor-de-Rosa!)**

"Bom, a menos que você *possa* garantir a entrega", retruquei, "vou ter que procurar outra empresa ou entregar o pacote pessoalmente. A escolha é sua".

Tudo gira em torno de assumir responsabilidades. Se ele não estava disposto a se comprometer, eu estava, pois tinha um compromisso com o meu cliente. O cliente sente esse comprometimento quando se elimina a frase "farei o melhor que puder".

Os empregadores em potencial querem que os candidatos se descrevam como pessoas bem qualificadas para o cargo, capazes de se adaptar ao resto da equipe e aptas a trabalhar em grupo; em suma, que são as pessoas certas para o cargo, além de pontuais.

(Você percebeu que dessa vez faltaram os termos "razoavelmente", "regularmente", "provavelmente", "normalmente" e "ter esperança de"? No conjunto, a declaração passou muito mais comprometimento.)

E talvez o mais importante seja o fato de que a sua família vai se sentir muito mais segura quando você omitir a palavra "tentar", por saber que você se empenhará ao máximo para fazer o que diz.

Faça o melhor que puder para tentar melhorar o seu grau de comprometimento. Você ficará bastante impressionado com os resultados... eu espero! Pelo menos, acho que você ficará ... às vezes.

Sim, não e não sei

Caroline e eu entramos num café em Charleston, na Carolina do Sul, atrás de uma boa xícara de café forte, depois de uma longa caminhada sob um calor escaldante. A atraente garçonete parecia encantada por nos ver e, aparentemente, mal podendo esperar para nos contar o que estivera fazendo.

"Oi. Como vão vocês?", ela perguntou. "Acabei de mergulhar uns morangos no chocolate. Gostariam de experimentar?"

Bom, com esse convite pessoal para nos deliciar com o passatempo favorito dela, reforçado por aquele entusiasmo sem limites, teria sido uma grosseria recusar.

Já sentados e tomando nosso café — com morangos cobertos de chocolate —, descobrimos que tínhamos 8 libras a menos do que calculávamos.

Um executivo com ar cansado, com uma pasta na mão e suando abundantemente, estava perto da entrada do café. "Bom dia", começou a nossa amiga. "Acabei de mergulhar uns morangos no chocolate. Gostaria de experimentar?"

"Não, quero apenas um café com leite grande para viagem, por favor", ele respondeu com firmeza, mas educadamente.

Por acaso ela se debulhou em lágrimas? Ficou arrasada com a rejeição dele?

Não, ela simplesmente sorriu, disse "é pra já" e preparou o café dele.

Caroline e eu apenas sorrimos um para o outro com um olhar que dizia: "Que par de paspalhos nós somos! Nós também só queríamos café".

O fato de ter dito "não" levou o executivo suado precisamente aonde ele desejava. Não termos dito "não" nos levou a dois espetinhos daqueles tão proclamados morangos verdes cobertos de chocolate, a um preço que ultrapassou em muito o valor que eles tinham.

De volta à Grã-Bretanha, vi inúmeros freqüentadores de shoppings fugindo de voluntários arrecadando dinheiro, fingindo-se de surdos, em vez de dizerem "não, obrigado" para o pedido de contribuição. Algumas pessoas me disseram que se sentiam muito negativas quando respondiam "não" muitas vezes em seguida. Mesmo nos casos em que a resposta correta é, de fato, "não".

Evidentemente, se você parar por aí, está sendo negativo. "Não" é uma resposta simplesmente incontestável. Assim, o que tem a fazer é encontrar uma solução positiva, em vez de parar no problema negativo.

Chamamos um pintor para avaliar quanto custaria pintar os beirais da casa. Era um serviço delicado. Assim, quando o pintor chegou, eu apostei com Caroline que ele acharia uma desculpa para não fazê-lo.

O sujeito deu uma espiada no lado mais alto da casa e disse: "Nossa! **Não** tenho uma escada alta o suficiente para fazer esse serviço". (**Elefante Cor-de-Rosa!**) Tentando ajudá-lo a encontrar uma solução, perguntei-lhe se sabia onde conseguir uma. "Não" foi a resposta dele, clara e negativa. E esse foi o fim da conversa.

O pintor que veio em seguida para fazer um orçamento também hesitou quando viu a altura dos beirais. "Você tem uma escada suficientemente alta?", perguntei-lhe, dessa vez mais cheio de esperança do que de expectativa.

"Não", respondeu. "Mas um amigo meu tem, e tenho certeza de que ele pode emprestá-la por uns dias."

Problema resolvido. Ele também começou sua resposta com um "não", mas continuou até encontrar a solução.

A propósito, Peter fez um excelente trabalho na pintura dos beirais, usando a escada emprestada. Foi ele também quem derrubou a tinta branca do ponto mais alto da casa sobre os degraus e corrigiu a situação pondo em prática o princípio Pesar, Causa e Solução.

Portanto, o "não" é um começo de resposta perfeitamente aceitável. O mesmo acontece com o "sim", mas sua omissão causa problemas.

Se um dos seus colegas perguntasse se você gostou do relatório que ele fez, como você acha que seria a sua resposta?

"Interessante. Diferente da maneira como eu o teria escrito, mas interessante."

Eu acho que ele ficaria aborrecido com a sua falta de vontade de se comprometer com uma resposta clara. Mas se você dissesse:

"Sim, gostei. Interessante. Diferente da maneira como eu o teria escrito, mas interessante", então creio que ele sentiria que você lhe deu uma resposta direta.

"Sim" é uma palavra com muita força.

Quando minha filha Victoria estava deixando um trabalho de meio período enquanto cursava a universidade, uma colega lhe perguntou se ela a considerava briguenta.

"Sim, acho você muito briguenta", foi a resposta curta e corajosa dada por Victoria. A outra garota, chocada, ficou na defensiva. Chegamos à conclusão de que a moça só fizera a pergunta para que Victoria negasse em público o comportamento da colega. A tática saiu pela culatra e a moça sentiu toda a força da palavra "sim".

Isso nos deixa com uma terceira escolha, além do "sim" e do "não", que é: "Não sei".

E aqui há uma verdade. Apesar de uma boa educação escolar, uma qualificação em jornalismo e mais de um quarto de século trabalhando em jornal, rádio e televisão, a despeito de uma sede insaciável por notícias e atualidades e um profundo interesse pelos negócios dos meus clientes, como também pela vida dos meus amigos e colegas, preciso fazer uma confissão.

O que eu sei é uma gota no oceano da minha ignorância.

E o que eu deveria fazer a respeito dessa ignorância? Disfarçá-la? Fingir que sei quando na realidade não sei?

Ou apenas admitir isso e procurar descobrir a resposta à pergunta que me foi feita?

Escolho sempre a última opção. Então, por que tantas pessoas ficam aterrorizadas diante da possibilidade de usar estas três palavrinhas honestas: "Eu não sei"?

Parece que quanto mais alto as pessoas sobem no comércio e na indústria mais se sentem pressionadas a evitar essa frase. Repito, se ela for repetida com freqüência, como acontece com o "não", pode parecer negativa.

Um entrevistado admitiu para mim, depois de uma sessão de treinamento: "Detesto dizer 'eu não sei' para tantas perguntas que você está me fazendo".

Lembrei-lhe das conseqüências de blefar para sair da situação, fingindo saber alguma coisa que obviamente não era nem um pouco clara para ele. Se começarmos com um blefe, estaremos forjando as coisas. Se forjarmos, estaremos mentindo. Se mentirmos, seremos rotulados de mentirosos. E, uma vez rotulados de mentirosos, leva muito tempo para que nos livremos desse rótulo.

Ressaltei também que "eu não sei" era na verdade a resposta correta para as minhas perguntas e que ele usara o tempo para explicar o que sabia. Assim, uma parte da entrevista correu desta forma:

"Quantos empregos serão eliminados?"
"Eu não sei. A escala de cortes será determinada pelas nossas
vendas do próximo trimestre. Só quando soubermos o
resultado é que poderemos ter uma definição."

"E esses serão os últimos cortes?"
"Eu não sei. O mercado tem flutuado muito nos últimos
anos. Quando a demanda pelo nosso produto era alta,
contratávamos novos funcionários com prazer. Quando a
demanda caiu, infelizmente tivemos que demitir pessoas."

Se parasse no "eu não sei" a resposta poderia ter um cunho negativo, defensivo e até mesmo agressivo. Mas acompanhar essa expressão com uma explicação completa e útil facilita mais o entendimento do assunto em questão. Isolado, o "não sei" é um problema, mas, quando seguido daquilo que realmente sabemos, ele é a rampa de lançamento para se alcançar a solução. Usá-la significa que você falou a verdade e deu a informação de que dispunha, embora limitada.

Se você acha que pode deixar de responder "sim", "não" ou "eu não sei" a algumas perguntas, pergunte ao ex-secretário do Interior, Michael Howard, como ele se sentiu depois de ter sido entrevistado por Jeremy Paxman, no programa da BBC *Newsnight*, em 1996.

Paxman fez ao secretário do Interior 14 perguntas diretas com relação à renúncia do diretor do Sistema Penitenciário, Derek Lewis. Por 14 vezes, Michael Howard recusou-se a dar uma resposta direta a uma pergunta direta. Ele parecia tão escorregadio quanto uma enguia e, a cada escapada, a cada vez que evitava o "sim", o "não" ou o "eu não sei", tornava uma situação ruim ainda pior.

Na verdade, a atração seguinte ao *Newsnight* ficara indisponível e sua ausência deixara o produtor com um buraco na programação que precisava ser preenchido. Assim, a embromação do secretário do Interior ajudou a produção enormemente. Alguns comentaristas políticos, entretanto, refletindo sobre o fracasso de Howard de se tornar o próximo líder do partido dos Tóri naquela ocasião, salientaram que a guinada decisiva em seu destino político fora dada naquela noite no *Newsnight* e pela forma com que lidara com o caso de Derek Lewis.

Resumo

1 *Descarte as palavras que enfraquecem a sua mensagem — palavras como "provavelmente", "relativamente", "ter esperança de" e "razoavelmente".*

2 *"Farei o melhor que puder" e "Vou tentar" não transmitem um firme comprometimento.*

3 *Sempre que puder, evite parecer evasivo e comece a resposta com "sim", "não" ou "eu não sei".*

Capítulo 9

Fale bem a seu respeito

"Lembre-se, ninguém pode fazê-lo se sentir inferior
sem o seu consentimento."
Eleanor Roosevelt

Como você responde quando alguém lhe pergunta: "Como vai?" Fico fascinado pela variedade de respostas que ouço. Cada uma delas proporciona um vislumbre da pessoa que está respondendo.

Certa noite, na escola dos meus filhos, eu era um entre um grande número de pais dispostos a dar conselhos aos alunos quanto às carreiras que tínhamos seguido. Doze alunos queriam saber a respeito da carreira de jornalismo dentro da radiodifusão. Cada um tinha dez minutos para me fazer perguntas.

Conforme o aluno entrava na sala, eu fazia exatamente a mesma pergunta: "Como vai?" A variedade de respostas desses adolescentes de quinze anos foi muito interessante.

O primeiro rapazinho respondeu de uma forma bem escocesa: "**Nada mal, obrigado**". (**Elefante Cor-de-Rosa!**)

A próxima, uma mocinha, saiu-se um pouquinho melhor com: "Ah, vou bem". Uma resposta neutra, eu diria.

Foi o terceiro que me deixou realmente preocupado. "Oi, John. Como vai?", perguntei. "Ah, sobrevivendo", ele respondeu. "Mas por quanto tempo?", pensei comigo.

Pergunto a você! Que espécie de resposta é essa? Infelizmente é o tipo de resposta que nossos filhos ouvem de nós o tempo todo.

Quase consigo compreender a evasiva resposta britânica, mas "sobrevivendo"?! É como se a pessoa tivesse passado por uma catástrofe natural ou explosão nuclear. Isso realmente me fez indagar o que os pais estavam ensinando a esse menino. Como eles responderiam a essa mesma pergunta? Será que ele estava apenas fazendo tipo para o caso de os colegas estarem por perto?

O meu pai, atualmente na casa dos oitenta, é positivo por natureza, mas a resposta dele a essa pergunta costumava deixá-lo deprimido. Ele passou a vida inteira respondendo "indo". Há alguns anos, eu o fiz reformular essa resposta.

"Como vai?", perguntei, como de costume.
"Ah, indo", veio a resposta previsível.
"Você diria que está saudável?", perguntei-lhe em seguida.
"Sim, estou bem", ele concordou.
"E diria que suas economias são suficientes para permitir que você viva confortavelmente?", aprofundei um pouco mais.
"Sim. Mas a troco de que esse interrogatório?", ele estranhou.
"Só mais uma pergunta", insisti. "Você se descreveria como uma pessoa feliz?"
"Sim, sou feliz", ele retrucou. "Mas o que é que está querendo provar?"
"Bem, o que quero saber é o seguinte: 'indo' é realmente a melhor maneira de descrever sua condição atual?", concluí.

"E o que você sugere que eu diga?", ele perguntou, um pouco intrigado com a minha última pergunta.
"Eu diria que 'Estou muito bem, obrigado, e você, como vai?' seria bem mais apropriado."

Passaram-se uns quinze dias até que eu visse meu pai novamente, e ele tinha novidades interessantes para mim.

"A propósito", ele começou. "As pessoas acham que coloquei três pontes de safena."
Intrigado, fiquei imaginando a respeito do que ele estaria falando.
"Três pontes de safena?", retruquei curioso. "E por que elas estão pensando isso?"
"Porque", disse ele triunfalmente, "quando me perguntam como estou, eu agora respondo: 'Estou muito bem, obrigado, e você, como vai?'"
Segundo meu pai, essa resposta geralmente coincidia com uma observação muito positiva sobre sua tagarelice daqueles dias, e a sugestão de que essa nova forma de encarar a vida deveria estar ligada a uma grande cirurgia cardíaca!

Nossa resposta à pergunta "como vai" é realmente uma rampa de lançamento. Se a resposta for "indo", a impressão que se tem é que o foguete vai permanecer em terra. Se for "ah, sobrevivendo", eu diria que o motor está pegando fogo.

O meu pai descobriu que suas respostas positivas fizeram as conversas girarem em torno de observações sobre a saúde dele e a sua atitude diante da vida, que são apenas reflexos de como ele se sente em relação à vida na casa dos oitenta.

A título de nota de rodapé, quero contar que naquela noite, na escola, em que falávamos sobre carreiras, o último rapazinho que apareceu para me ver respondeu à minha pergunta, dizendo: "Vou muito bem, obrigado, e você, como vai?"

Foi isso que me levou a me pronunciar sobre as formas de responder àquela pergunta.

Ironicamente, nessa noite, ele era o único jovem que já tinha a resposta eleita. Todos os outros precisavam trabalhar a deles.

Os hábitos que adotamos em tenra idade ficam conosco a vida toda. Fico constantemente espantado com a maneira negativa como os profissionais de restaurantes, lojas, recepção de escritórios e hotéis saúdam seus clientes.

Numa recente viagem de negócios, ao entrar num hotel cinco estrelas, perguntei ao gerente como ele ia. "Estou por um fio!", foi a resposta triunfante dele. Por favor, alguém aí, me dê uma tesoura para que eu ponha fim à desgraça desse pobre homem! Pior ainda, num seminário, um representante me contou que um antigo colega costumava encerrar o dia com a mesma frase: "Bom. Estamos um dia mais próximos da morte!"

A forma como nos descrevemos exerce uma grande influência em quem nos ouve. Ouvi várias mulheres que, ao serem indagadas sobre o que faziam, descreverem-se como *apenas* donas de casa e mães". Em compensação, uma amiga, também mãe e dona de casa, descreveu a si mesma como "Chefe de Desenvolvimento Pessoal". A maioria dos pais concordaria com essa descrição.

Vejo as pessoas criticarem a si mesmas sem necessidade quando peço para analisarem o próprio desempenho numa entrevista de televisão, nos nossos cursos de treinamento de mídia. O mais comum é que o entrevistado comece dizendo: "Acho que fiquei um pouco confuso nas respostas ... lutando para achar as respostas certas ... muitos 'ums' e 'ees' ... muitos erros gramaticais ..." Quando peço para outras pessoas analisarem a mesma entrevista, elas dizem: "Pelo contrário, achei que saiu fluente, objetivo, interessante ..."

Entretanto, quando visito a França, a Espanha e os Estados Unidos para fazer exercícios semelhantes, os participantes na maioria das vezes mencionam primeiro o que fizeram corretamente, para só depois se voltar para os erros que detectaram. A avaliação que fazem de si mesmos tende a ser mais realista do que a dos seus correspondentes na Grã-Bretanha.

É muito difícil ter uma perspectiva saudável do próprio desempenho. Também é difícil continuar se vendo de modo positivo depois que se teve um dia difícil, em que foi preciso enfrentar muitas complicações. Mas, se você for negativo em relação a si mesmo, isso rapidamente passará para os que estão à sua volta. Eles logo começarão a considerá-lo uma pessoa de baixa auto-estima, o que por sua vez pode reduzir suas chances de conseguir um bom emprego, arranjar um encontro ou simplesmente ser uma boa companhia.

Sou a favor do humor que deprecia a si mesmo no início de uma preleção em que o público precisa ser conquistado. Mas seja positivo com relação a si mesmo o tempo todo e as pessoas vão aproveitar muito mais sua companhia. Assim, quando pergunta a uma pessoa como ela está, você realmente quer que ela responda "ah, sobrevivendo" ou seria melhor ouvir "eu vou muito bem, obrigado, e você, como vai?"

Seja positivo e proativo, principalmente quando se trata de más notícias

Eu estava bufando e ofegando no canto da quadra de *squash*, depois de ter sido derrotado por um adversário na primeira partida do *set* de melhor de cinco. Era uma disputa entre ligas e eu tinha uns 15 minutos para não me deparar com uma inesperada derrota de 3-0.

Eu disse "inesperada" porque fui para a quadra esperando ganhar. As posições no *ranking* da liga mostravam que eu tinha mais pontos acumulados durante o inverno do que meu oponente e, embora aquela fosse nossa primeira partida, eu entrara na quadra antecipando uma vitória.

O que foi decisivo, entretanto, foi o fato de que o meu adversário entrara na quadra esperando perder. E mesmo depois de ter me arrasado no jogo de abertura, ele claramente cultivava pensamentos negativos. Eu sei disso porque ele me contou.

Respirando normalmente, em contraste violento com meu fôlego de fumante de 60 cigarros por dia, ele disse: "Estou contente por ter ganho a primeira partida. Esperava perder por 3-0, portanto eu **não** posso me sair pior agora, mesmo que perca por 3-1". (**Elefante Cor-de-Rosa!**) Suas palavras foram música para meus ouvidos. Resolvi, apesar do *set* anterior, que eu deveria compartilhar a expectativa dele e derrotá-lo por 3-1.

Enquanto eu saía da quadra, respirando com mais facilidade depois de ter ganho o jogo por 3 a 1, meu adversário me perguntou se eu poderia apontar o ponto fraco do jogo dele. "O seu jogo é muito parecido com o meu", comecei a lhe dizer, "mas eu tomaria cuidado para não compartilhar uma previsão de derrota com meu oponente, porque, quando se diz isso, firma-se um pacto".

Nós estabelecemos expectativas o tempo todo. Se estiver guiando numa estrada esburacada e perceber uma cratera, vai ser difícil se desviar dela.

"**Não** caia na cratera" (**Elefante Cor-de-Rosa!**) é uma instrução enviada ao cérebro que inclui as palavras "cair" e "cratera". É fácil perceber por que quebramos tantas vezes a suspensão do carro com esse tipo de instrução. Pior ainda, quando vemos um paralelepípedo no meio da rua enquanto estamos andando de moto ou de bicicleta. A mente parece se concentrar no obstáculo até bater nele.

Numa partida de golfe em Portugal com dois amigos, Gary era o primeiro a dar a tacada inicial. Ele percorreu com os olhos os quase duzentos metros de água entre o local em que estava e o *green* e disse, "Certo, pessoal, vamos pôr essa bola no coração do *green*!"

A bola voou pelo azul do céu e aterrissou a seis metros da bandeirola.

O nosso melhor parceiro era o próximo a jogar, evidentemente ansioso com o que iria acontecer.

"Agora **não** lance esta bola na água!", ele instruiu a si mesmo, num estilo clássico de Elefante Cor-de-Rosa.

A bola decolou, fez a curva ... e mergulhou no meio do lago.

Ele, desgostoso, colocou a segunda bola no ponto de partida, e antes que eu pudesse lhe dizer qualquer coisa, repetiu o mantra.

"Agora, pelo amor de Deus, **não** lance essa bola na água!"

SPLASH!

Então eu coloquei a bolinha no ponto de partida, olhei para a bandeirola e anunciei: "Certo ... dentro da bola de Gary!"

A minha bola saiu, voou sobre a água, bateu no *green* e aterrissou poucos centímetros mais perto da bandeirola do que a de Gary.

Ora, habilidade e prática contam muito no campo de golfe, mas a visualização da tacada também. *Todos* nós conseguimos o resultado que visualizamos.

Quando Tiger Woods iniciou sua carreira como golfista profissional depois de ter conseguido um sucesso fenomenal como amador, perguntaram-lhe quais eram suas expectativas mais realistas quanto ao seu primeiro torneio profissional.

Ele disse ao entrevistador, o ex-campeão do Open dos EUA, Curtis Strange, que enfrentava todos os torneios acreditando que venceria. Strange deu uma risadinha e sugeriu que Woods aprenderia com o tempo. Mas, quatro dias depois, foi Strange quem precisou de um pouco de humildade, pois Woods venceu o torneio de estréia como profissional. Ele prosseguiu ganhando até vencer o Masters dos EUA na primeira tentativa e mais tarde os quatro "principais" torneios do mundo consecutivamente.

Fugindo da sua maneira habitual de falar, ouvi Tiger na defensiva às vésperas da Copa Ryder EUA-Europa, disputada em Belfry, perto de Birmingham, em setembro de 2002.

Antes do jogo de abertura, ele disse ao entrevistador: "**Não** é uma questão de vida ou morte". (**Elefante Cor-de-Rosa!**) Acrescentando: "**Ninguém** está sendo pego como refém", (**Elefante Cor-de-Rosa!**)

Atipicamente, Tiger foi pego como refém — pelos Elefantes Cor-de-Rosa!

Mais habituado a ter apenas um objetivo e ser totalmente positivo, jogou as duas primeiras partidas com um parceiro e (a julgar pela entrevista) com baixa expectativa. Perdeu as duas.

Em todo torneio que o vi jogar, ficou evidente que Tiger Woods sempre pensa tão positivamente quanto fala. Ele fala de si mesmo como sendo bem-sucedido, não o contrário. Para ele, definitivamente, o copo está meio cheio em vez de meio vazio.

Meu filho estava me ajudando a fazer a limpeza pela manhã, depois de um churrasco na noite anterior. Andrew gritou do outro lado do quintal: "O que você quer que eu faça com as garrafas de vinho que estão meio cheias, papai?"

"Basta deixá-las lá na cozinha, por favor", respondi.
"E o que eu faço com as que estão meio vazias?", ele caçoou.
"Não sobrou nenhuma", respondi. "Estão todas meio cheias."

É mais fácil, evidentemente, ser positivo antes de um evento e depois de uma vitória, tanto no esporte quanto na vida. Mas como se faz quando as notícias são ruins?

Voltemos ao princípio Pesar, Causa e Solução. Peça desculpas pela forma como as coisas saíram. Explique o que aconteceu. Então sugira o que fará a seguir para melhorar a situação.

Nessas circunstâncias, parece mais fácil se esconder, mas é preciso coragem para lidar com o PCS e ganhar o respeito daqueles que o escutam.

Eu tenho a mais profunda admiração por Gavin Hastings, que, com dignidade e firmeza, foi o capitão do time escocês de rúgbi nos anos de 1990. A certa altura, a Escócia sofreu uma série de derrotas, mas Gavin recusou-se a se curvar. Sua maneira de conduzir a situação por meio do Pesar, Causa e Solução deixou os críticos incapazes de questionar sua atitude e o levou a superar os tempos difíceis, chegando ao sucesso no final.

Lembro-me com muita nitidez de quando entrevistei um dirigente de futebol escocês, Alex Smith, no dia em que foi despedido pelo St. Mirren FC. Com que ânimo você se disporia a dar uma entrevista à BBC TV se tivesse acabado de ser demitido? Você pode estar se sentindo com raiva, doente, desanimado, ou tudo isso ao mesmo tempo. E um repórter quer que você remexa nas brasas. Alex mereceu o meu mais profundo respeito e simpatia naquele dia. Se me lembro corretamente, ele também enfrentou a mídia quando perdeu o emprego no Aberdeen e no Dundee United. A dignidade dele permaneceu intacta.

O que Alex Smith e Gavin Hastings tinham em comum era o fato de ambos serem proativos diante da derrota. Em vez de reagirem à crítica deixando de falar, ambos se dispuseram calmamente a explicar suas posições.

Muitos dos meus clientes escolheram ser proativos ao anunciar demissões ou chamadas para correção de defeitos em seus produtos. Desse modo, podem controlar o que está sendo divulgado, porque são eles que estão falando.

Um deles, a empresa de transmissão a cabo Telewest (depois United Artists) teve que lidar com a tragédia de três empregados soterrados sob uma parede que desmoronara sobre eles quando cavavam uma vala. Um morrera e os outros dois estavam gravemente feridos. A diretora de Relações Públicas me telefonou pedindo conselhos sobre o que dizer à mídia, se é que deveria fazer alguma declaração. Os empreiteiros que tinham contratado os homens se recusavam a comentar. A United Artists sentia, corretamente a meu ver, que deveria preencher esse silêncio.

Perguntei à diretora: "Vocês estão lamentando o que houve?"
"Com certeza", ela respondeu. "Ficamos arrasados com o acidente."
"O que o provocou?", perguntei-lhe.
"É muito cedo ainda para dizer com certeza", ela me disse. "Mas já começamos as nossas investigações e estamos ajudando a polícia no local com aquilo que sabemos."
"E o que vão fazer para evitar outros acidentes ou perdas de vida no futuro?", continuei.
"Interrompemos o trabalho no local até descobrirmos o que aconteceu. Depois disso, estaremos em condições de agir para assegurar que esse tipo de acidente não se repita mais."

Inconscientemente, ela acabara de construir a sua declaração para a mídia, baseada no princípio PCS.

Ela se antecipou e levou uma declaração para a mídia. Enquanto eu dirigia de volta para casa à meia-noite, vindo de um compromisso, ouvi suas palavras reproduzidas na estação da rádio local. Ela poderia ter sido orientada para recusar-se a comentar, como realmente havia acontecido com os empreiteiros, mas a decisão dela de ser proativa era correta e teve uma cobertura justa e razoável por parte da mídia.

Caroline e eu enfrentamos uma situação desagradável e delicada, seis dias antes de um enorme concerto de caridade que havíamos planejado por mais de um ano.

Recebemos um telefonema dizendo que o nosso Mestre de Cerimônias para o *Sopro do Passado* — uma reunião de bandas famosas dos anos de 1970 — havia morrido repentinamente.

Les Gray, do MUD, vinha lutando contra o câncer, mas devia fazer um retorno ao palco para ajudar a angariar dinheiro para o fundo de caridade de Caroline, o KidsCharities UK.

Chocados com o que acabávamos de saber e preocupados com a possibilidade de que os fãs achassem que o concerto poderia ser cancelado, decidimos tomar a frente e ser proativos com relação à má notícia.

Esperamos 24 horas para que os parentes fossem informados, então enviamos um comunicado à imprensa anunciando que as bandas estariam tocando no concerto em homenagem a Les Gray. A viúva Carol apreciou o gesto, a mídia deu ampla cobertura para a história e o concerto acabou sendo uma tremenda agitação com as 1.200 pessoas que compareceram.

Presumir versus Verificar

Alguns dias depois da minha volta de uma viagem de negócios, a agente de viagens ligou para me perguntar se tudo tinha corrido bem. "Sim, deu tudo certo", comecei, "apesar de termos tido um mau começo por não estarmos com as passagens. Telefonei para seu escritório", continuei, "quando descobri no domingo em que estávamos saindo que elas ainda não haviam chegado, mas ele estava fechado."

A agente de viagens foi clara e precisa em sua resposta. "Meus registros indicam que deixamos uma mensagem em sua secretária eletrônica três dias antes da data da partida, e assim presumimos que vocês estavam sabendo que as passagens estavam à sua disposição em nosso escritório."

"E o que aconteceria", falei ironicamente, "se eu não escutasse a mensagem?"

"Bem, *presumimos* que você escutaria porque deixamos uma mensagem", ela retrucou.

"A secretária estava com defeito", repliquei. "A sua mensagem não foi gravada."

"Bom, nós apenas *presumimos*..." Ela interrompeu a frase, incapaz de saber como continuar. Eu assumo a responsabilidade pela minha secretária eletrônica com defeito. Assumo a responsabilidade por me esquecer de verificar o paradeiro das minhas passagens. A agente de viagens, entretanto, precisa assumir a responsabilidade dela por ter presumido errado.

E isso resume a dificuldade provocada pela presunção. Ela leva a uma conclusão que pode ser falsa porque considera que a comunicação foi concluída quando na verdade ela apenas começou.

Pensando assim, se eu mandar uma carta devo presumir que ela vai chegar e que seu conteúdo será compreendido e executado. Pela mesma lógica, quando apresentava os boletins de notícias e de esportes, eu devia presumir que todos assistiram, todos entenderam e todos poderiam repetir exatamente o que eu dissera, comunicando todo o significado da informação. É um lote completo de presunções!

Todos somos culpados por presumir. O experiente jornalista televisivo John Stapleton, atualmente apresentador da GMTV, conta uma boa história para ilustrar essa questão. Uma noite, quando estava trabalhando no último turno, na sala de notícias, ele se encarregou de ir à recepção para pegar a entrega de comida chinesa que tinha sido encomendada por seus colegas.

John aproximou-se do homem que estava sentado na recepção e tirou algum dinheiro do bolso, dizendo: "Oi. Onde está a entrega?" O sujeito olhou para ele com um olhar vazio, então ele caprichou: "A entrega de comida chinesa?"

O homem respondeu bem devagar: "Eu sou o primeiro-ministro de Cingapura".

Eis uma alternativa para usar no lugar da presunção: que tal verificar se a mensagem foi recebida e compreendida e se os fatos estão corretos?

Resumo

1   Comece descrevendo a sua vida positivamente e observe o interesse por você aumentar.

2   Seja positivo diante de uma notícia ruim. Ao dar a notícia, você tem controle sobre o que está sendo dito.

3   Em vez de presumir, verifique os fatos.

Seção Quatro

Pense nos ouvintes

Capítulo 10

Tudo é relativo

"Não sue por coisas insignificantes ... e tudo é insignificante."
Richard Carlson, título de livro

Você está numa festa, com um copo na mão, música ao fundo, dois dias antes do Natal. Apesar de todos os motivos para estar contente, ainda assim você está terrivelmente aborrecido. A pessoa que está a seu lado está com a corda toda, falando a respeito de gente cujos nomes e vidas lhe são totalmentes desconhecidos.

"David é meu primo em segundo grau por parte da minha mãe. Quando mamãe mudou-se de Little Hockstead em 1977, ela encontrou o pai de David pela primeira vez depois de anos. Harry era um engenheiro elétrico que tinha um filho e uma filha ... David e Claire, que é três anos mais nova do que David. Na verdade, Claire já tem dois filhos. Jason está com seis anos e a Anna só tem cinco meses ... ou serão seis?"

Quem está interessado na idade da Anna! Você acha que é impossível acompanhar essa árvore genealógica, uma vez que os nomes não lhe são nem um pouco familiares. De fato, a única utilidade dessa árvore genealógica nesse momento é que você pode enforcar-se nela ou, melhor ainda, enforcar o chato que o deixou nesse estado de espírito.

Como alguém pode ser tão chato? Realmente, é fácil. Se você não consegue fazer sua história relacionar-se de alguma forma à pessoa que a está ouvindo, ela com certeza ficará terrivelmente aborrecida, incapaz de criar uma imagem na mente sobre que diabo de coisas você está falando.

É a volta à velha questão de falar criando imagens.

Você está sentado em casa, na Grã-Bretanha, assistindo à previsão do tempo. Qual é o interesse que há na previsão do tempo para o fim de semana no sul da Espanha? Enorme, se é para lá que você vai amanhã passar as férias! E, uma vez na Espanha, qual é o interesse despertado pela previsão para a Grã-Bretanha? Provavelmente é quase nulo, a menos, é claro, que você queira se regozijar pela sorte de estar na Espanha.

Pronto para voltar para casa, uma vez mais a previsão para a Grã-Bretanha fica interessante. É tudo uma questão de pertinência. Precisa ter relação com você.

Infelizmente, a perda de 100 vidas num desastre de trem na Índia vai despertar muito pouco interesse no público da Grã-Bretanha. Entretanto quando muito menos gente morreu em Ladbroke Grove em Londres, quando um trem expresso colidiu com um trem regular, as notícias ocuparam boletins e jornais durante semanas. As conseqüências atingiram todos aqueles que usam trem na Grã-Bretanha, uma vez que os trabalhos de reparo na ferrovia causaram atrasos. O acidente estava relacionado a eles.

Astros da música e dos esportes vendem jornal porque os fãs se interessam pelas notícias sobre eles. A imagem de Tiger Woods vende revistas de golfe. David Beckham vende tablóides ingleses. E, no verão, quando há férias do futebol, rolam os circuitos de tênis e os jogadores desse esporte vendem jornais — porque o tênis está acontecendo em Wimbledon, em Londres, e não em Melbourne, na Austrália.

Eu estava bem consciente da necessidade de garantir uma entrevista com Jack Nicklaus, Seve Ballesteros, Greg Norman ou Nick Faldo para minhas reportagens para a BBC, quando fazia a cobertura do campeonato aberto de golfe todos os anos. As chances eram de que um deles estivesse na competição na tarde de domingo. Trata-se de descobrir com o que o público pode se relacionar.

Isso explica por que, aos sábados e domingos, dezenas de homens ficam sentados em bancos do lado de fora das lojas de roupas femininas nos shoppings, olhando para o vácuo. Incapazes de se relacionar com o conteúdo das lojas, eles ficam perdidos em seus próprios pensamentos, com os quais se relacionam perfeitamente.

Muitos adolescentes querem ver na televisão os esportes que praticam ou ir ao cinema ver filmes que giram em torno de garotas e rapazes adolescentes. Muitas adolescentes querem conversar com as amigas sobre pessoas como elas ou ver filmes sobre ... adivinhou ... adolescentes. Grande parte das mulheres fica com o olhar perdido enquanto seus companheiros babam diante da trajetória feita pela bola depois de um chute livre, acabando por entrar no canto superior da rede fazendo um gol. Muitos golfistas ficam olhando para o nada enquanto você insiste em descrever sua grande jogada, lance por lance. Ainda mais quando esse campo não é familiar a eles. (É como o primo em segundo grau da extensa família de David.)

Tom Watson, cinco vezes campeão do torneio aberto de golfe, tem uma expressão muito apropriada para essa tagarelice infindável. Ele a chama de "boca de golfe".

Como precisamos nos relacionar com a notícia, a maioria de nós acha os assuntos das pequenas nações africanas difíceis de entender. Provavelmente não passaremos as férias lá e mal temos noção de onde ficam esses países; por isso essas histórias ficam muitas vezes escondidas nas páginas internas, ao lado das notícias agropecuárias. A menos, naturalmente, que a febre aftosa atinja a Grã-Bretanha, impedindo que passeemos pelo interior. Daí então, a agropecuária vai para a primeira página, porque nos diz respeito.

E se um terrorista, cujo comando estava supostamente no Afeganistão, é acusado pelo ataque às Torres Gêmeas, de repente a geografia do Afeganistão, os movimentos de Osama bin Laden e a organização Al Qaeda passam a ser um problema nosso. Vira uma enorme preocupação quando a ameaça se estende ao país em que vivemos.

Se há uma pergunta que engloba tudo isso é simplesmente esta: "O que isso tem a ver comigo?" A resposta pode ser educação, esclarecimento ou diversão, quando se ouve alguma coisa nova. Mas deve ser alguma coisa que seja do seu interesse. Os jornalistas chamam isso de "gancho".

Eu, por exemplo, não entendi muito bem as guerras que dividiram os Bálcãs depois da fragmentação da Iugoslávia nos anos de 1990. O problema é que a mídia lutou para explicar as complexidades em regiões raramente — ou nunca — visitadas por britânicos. Todas as informações estavam nos jornais ou nas nossas telas. Quando uma atrocidade se sucedia a outra, quando uma cova coletiva era descoberta, seguida de outra e mais outra, registrávamos esses fatos como coisas terríveis. Mas mal conseguíamos nos lembrar onde tinha acontecido, quanto mais por quê.

A mídia sabe que precisa manter a audiência interessada ou ela migrará para outro lugar. Daí, pelo menos em parte, a razão da "bobageira" divulgada por grande parte da cobertura dos jornais e da televisão.

(Curiosamente, o rádio nesse meio-tempo deu um jeito de ampliar seus atrativos; direcionado especificamente para seus ouvintes, ele continuou a oferecer um debate inteligente. O que também ajuda é que, contrariamente aos jornais e à televisão, o rádio pode ser ouvido enquanto se dirige. Neste mundo centrado no relógio, é vantajoso fazer duas coisas ao mesmo tempo.)

Na ocasião em que os Bálcãs eram varridos por atrocidades, os tablóides britânicos davam cobertura maciça para o caso do cão que latira para um carteiro, o que levara à ordem de um juiz para que o cão fosse sacrificado. Conseguimos visualizar um cão latindo para um carteiro, mas lutamos para entender as questões étnicas por trás das tensões nos Bálcãs.

Quando for começar uma conversa ou fazer a abertura de uma reunião ou de uma conferência, pergunte a si mesmo qual seria o ponto mais interessante a ser abordado logo de início, se você fosse o ouvinte. É aí que deve começar a conversa ou a apresentação. Depois você pode partir para onde quiser, mas esse é o ponto de partida ou "gancho".

Uma vez, ouvi um programa de rádio que ia ficando cada vez mais engraçado à medida que o entrevistador dava voltas e voltas, tentando encontrar um gancho que fizesse os ouvintes relacionarem-se com a história. O talentoso John Inverdale da Radio Five Live estava conversando com um jornalista finlandês sobre o número incomum de alces mortos nas estradas da Finlândia a cada ano.

"Dez mil alces mortos pelos motoristas a cada ano", começou John. "Qual é o motivo?"
"Bem, a carne de alce é muito popular", veio a resposta, "e por isso o governo acredita que os motoristas deliberadamente atropelam os alces para poder comê-los."

"Realmente", retrucou John. "E para aqueles que não estão acostumados com a carne de alce ... e suponho que seja a maioria de nós ... qual é o sabor dela?"

"Bom, é forte e característica", disse o jornalista.

"Certo. Então, com o que você a compararia?", arpoou Inverdale.

"Não sei", disse o jornalista. "Como eu disse, é difícil de comparar."

"Ora, quem sabe com carne de veado", sugeriu o apresentador.

"Não, é diferente da carne de veado", veio a resposta desanimadora.

Àquela altura, desesperado para que a entrevista funcionasse antes que as pessoas a desligassem, Inverdale foi oferecendo comparações cada vez mais improváveis, todas dispensadas pelo entrevistado.

E então, finalmente, o jornalista finlandês ofereceu uma comparação.

"Eu suponho que o alce tenha gosto de *urso*."

Houve um silêncio estupidificado, seguido por um tom carregado de resignação e malícia ao mesmo tempo.

"Bom, senhoras e senhores, agora vocês já sabem", concluiu o apresentador. "Alce tem gosto de *urso*."

John Inverdale sabia que é preciso atrair a atenção antes que ela se disperse. Em outras palavras, crie a relação, antes que seja tarde.

Colocar em Perspectiva

Era um glorioso dia de verão quando meu parceiro e eu lutávamos para acompanhar nossos adversários de golfe pelo campo King James the Sixth, em Perth, na Escócia Central. Dei uma grande tacada em direção à borda da frente do *green*. Mas, em vez de ganhar o buraco, dei três *putts* apenas para empatar o buraco. (Eu sei que isso é "boca de golfe", mas seja paciente comigo.)

Eu estava bravo comigo mesmo por ter feito um *putt* tão ruim, perdendo a oportunidade de ficar mais perto dos nossos adversários e por deixar meu parceiro desanimado.

Então me lembrei de algo que pôs essa "catástrofe" em perspectiva. Uma amiga nossa estava lutando uma batalha perdida contra o câncer. O que ela daria para que o maior problema da vida dela fosse uma tacada de golfe! Imediatamente me senti envergonhado pelo meu egoísmo e resolvi colocar meu erro em perspectiva. No próximo *tee*, dei outra boa tacada, então dei um *putt* longo para ganhar o buraco.

A perspectiva é uma coisa maravilhosa, mas é muito difícil mantê-la quando somos tomados pela emoção e a lógica desaparece.

O meu livro favorito sobre esse assunto é o excelente ***Don't Sweat the Small Stuff*** [**Não** sue por coisas insignificantes], de Richard Carlson (ainda que o título seja um **Elefante Cor-de-Rosa!**). Nele, o autor atinge o ponto que quer demonstrar dando o exemplo de um prato sendo quebrado na cozinha. Algumas pessoas ficam muito aborrecidas com esse tipo de incidente, mas certamente vale a pena considerar que ou o prato sobreviverá a você ou você sobreviverá a ele. O que você preferiria que acontecesse?

Adotei essa filosofia vezes sem conta ao ficar aborrecido por coisas sem a menor importância. Às vezes fico frustrado ao pegar a estrada errada quando dirijo para fora do país, nas férias. E se me esqueço de manter as coisas em perspectiva, Caroline me lembra de que, afinal, estamos gozando nossas férias e que temos mais tempo à nossa disposição do que quando estamos em casa.

"Na escala de importância das coisas", às vezes me pergunto em voz alta, "o quanto isso é realmente importante?" Consultar a escala de valores é muitas vezes a chave para se perceber o quanto o problema é pequeno.

Algumas das campanhas que mais deram certo empregaram essa escala brilhantemente: "Sete *pence* por dia é tudo o que custa para alimentar uma criança na Etiópia", dizia uma dessas campanhas. Realmente, isso é que é pôr as coisas em perspectiva!

Numa ida a Las Vegas, visitamos a Represa Hoover que fica nas proximidades. A realização humana na criação da barragem foi imensa e ela é tão grande que nos foi impossível achar um ângulo que mostrasse a escala da represa.

Mas havia duas perspectivas em exposição que achei inesquecíveis:

1 O lago criado pela barragem contém água suficiente para inundar o Estado de Nova York inteiro, numa profundidade de 30 centímetros.

2 O concreto que existe na barragem é suficiente para construir uma trilha de 1,20m de largura dando a volta ao mundo na altura do Equador.

Essas proporções nos permitem formar uma imagem mental. Elas nos dão um termo de comparação.

Quando trabalhava com o principal diretor da Cunard, justo quando a empresa estava se preparando para lançar o maior navio de passageiros do mundo, o *QM2*, nós ensaiamos algumas comparações.

• Se ficasse em pé no *deck* mais alto do *QM2*, enquanto navegava para Manhattan, você conseguiria olhar a Estátua da Liberdade nos olhos.

• Se fosse colocado no meio de Manhattan, o *QM2* se estenderia por mais de quatro quarteirões.

Você percebeu como a perspectiva expressa com uma imagem clara nos dá uma idéia melhor do tamanho das coisas?

Esse navio, a propósito, pesa 150.000 toneladas. Se você puder me explicar com o que isso se compara, eu agradeceria. (Fico imaginando, quantos alces isso daria?)

Sugiro a meus clientes que ponham as baixas temporárias em perspectiva. Ao anunciar 200 cortes, por exemplo, é muito importante dizer que essas demissões são necessárias para garantir os 1.000 empregos que a fábrica proporciona. Vale a pena também mostrar que os números subiram e caíram durante os 75 anos da empresa no setor. Uma declaração transmite uma idéia do corte em números, enquanto a outra proporciona uma perspectiva histórica.

Muitas pessoas se queixam comigo da cobertura dos acontecimentos pela mídia. Elas sentem que algo as aborrece mas têm dificuldade para definir o quê. A resposta é muitas vezes a falta de perspectiva.

O que incomoda algumas pessoas é o destaque que se dá a algumas histórias, como a do cão condenado à morte. Outras estão fartas do enorme destaque dado às histórias de futebol. Outras ficam imaginando por que um membro da família real "tem apenas que espirrar" para sair nas manchetes dos jornais. Outras, ainda, ficam intrigadas, sem entender por que os artistas de novela constantemente enfeitam as primeiras páginas dos tablóides. Mais uma vez, é tudo questão de perspectiva. Quando uma história recebe muito destaque por cair no gosto de poucos, perde-se a perspectiva.

Mas antes que comecemos a criticar a mídia, é bom lembrar como é que nós nos comportamos. Como ficamos bravos com uma bola na trave. Como nos descontrolamos quando um prato cai e quebra. Como o fato de entrar na estrada errada num trevo pode parecer uma catástrofe da natureza.

É muito fácil perder a perspectiva no calor do momento.

A minha primeira visita a Nova York foi em 1996. Fui para lá dar outro curso de treinamento de mídia à companhia de navegação Cunard, mas levei minha família comigo porque iríamos depois a outros lugares. Agora que já conheço melhor a cidade, descobri que esse é um dos lugares mais vibrantes do mundo e me sinto perfeitamente seguro. Mas antes dessa primeira visita, evitávamos ir a essa cidade porque achávamos que ela fosse muito perigosa.

Por isso estávamos um pouco nervosos quando chegamos a Manhattan. Estávamos naquele caldeirão barulhento, debaixo daqueles imponentes arranha-céus, havia exatamente cinco minutos quando Andrew, então com nove anos, disse que queria atravessar a rua para olhar uma loja. Minha mulher e eu estávamos ocupados tentando alugar um carro, do lado de fora de uma locadora, e o pedido do filho acionou o botão de pânico de Caroline.

"Andrew, por favor, fique onde está e **não** saia daí" (**Elefante Cor-de-Rosa!**), ela fuzilou. "As pessoas são mortas a tiro nas ruas de Nova York."

Durante cinco minutos, ficamos procurando entre passagens aéreas, cartas de motorista e reservas de hotel, até finalmente encontrarmos os formulários para alugar o carro. Caroline virou-se para falar com as crianças e deu de cara com Emma debulhada em lágrimas. "O que foi que houve agora?", perguntou.

"Eu **não** quero levar um tiro e morrer" (**Elefante Cor-de-Rosa!**), foi a resposta sofrida.

A perda da perspectiva levou à observação inicial. E uma observação genérica de Caroline transformou-se num pesadelo real para uma menina de dez anos.

Quando olhamos para trás e vemos incidentes como esse, perguntamos a nós mesmos: "Como pudemos cometer um erro tão grande?" Será que podemos nos perdoar por aterrorizar uma criança ou por falar bruscamente com a funcionária de um estacionamento?

Então, se Pesar, Causa e Solução são suficientes para explicar suas proezas aos outros, talvez também devessem ser a fórmula aceita de imediato quando você é a vítima.

Por isso, ponha tudo em perspectiva, principalmente quando se tratar daquilo que espera de si mesmo.

Resumo

1   *Para que alguma coisa se torne interessante, precisamos ter alguma ligação com ela.*

2   *O que é interessante para nós pode muito bem aborrecer nossos ouvintes.*

3   *Coloque o problema em perspectiva para ver o quanto ele é insignificante.*

Capítulo 11

E-mail e texto — Balas e bumerangues

"Não conte para a Anna."
Mensagem de texto enviada por engano para ... Anna, 2001

Acho a troca de e-mails um excelente meio de comunicação para determinadas ocasiões. Para despachar uma confirmação rápida de um planejamento ou a avaliação de um trabalho e receber uma resposta imediata, com a velocidade de uma bala, é um meio maravilhoso.

Mas esteja atento às mensagens críticas ou aparentemente secretas que voltam e o atingem na nuca como um bumerangue.

A secretária de imprensa do governo, Jo Moore, descobriu essa lição da pior maneira possível quando, no espaço de uma hora do ataque do segundo avião às Torres Gêmeas, em Nova York, em 11 de setembro de 2001, ela enviou um e-mail sugerindo que era um bom momento para "enterrar" as más notícias do governo.

Mais tarde, Moore precisou se desculpar pela sua atitude que, dada a perspectiva que o tempo traz, a fez parecer insensível e calculista. A declaração dela foi um prato cheio para a mídia, que se apressou a sugerir que ela era um risco para o chefe, o já criticado secretário de Transportes, Stephen Byers.

Cinco meses depois, ainda sob os ecos daquele e-mail de setembro, uma outra comoção envolveu os e-mails do Departamento de Transportes. Os jornais sugeriram que Moore fora censurada por um novo e-mail em que planejava liberar a divulgação de cifras negativas da malha ferroviária no dia do funeral da irmã caçula da rainha, a princesa Margaret.

Entre as negativas do governo de que nem sequer existisse tal e-mail, o colega de Moore, Martin Sixsmith, recusou-se a ceder e manteve sua declaração de que o e-mail fora escrito. Logo depois, Stephen Byers e Jo Moore caíram ... suas carreiras foram descarriladas por e-mails. Memorandos internos viraram manchetes de jornais e noticiários de rádio e televisão.

Já vi comunicações por e-mail que deixariam muitos adultos envergonhados. Vi o e-mail do diretor de uma empresa de Internet, em resposta a uma crítica, começar com "Enfia... !" Reconheço que o remetente estava um pouco perturbado quando escreveu isso. Fico imaginando como ele se sentiu ao reler esse e-mail um mês depois.

Uma vez enviei uma longa explicação sobre o motivo por que eu me desapontara com a forma com que um colega de uma empresa associada havia tratado um membro da minha equipe. Ao mesmo tempo que chamava a atenção para meu desapontamento, eu pedia a todos que se unissem para assegurar o sucesso do projeto. A resposta à minha mensagem de 300 palavras era composta de apenas sete: "Devidamente anotado — e enviado para a lixeira."

A minha secretária teve a sabedoria de me proteger do conteúdo para me impedir de revidar com artilharia ainda mais pesada. Na verdade, o chefe do remetente, para quem ele inadvertidamente mandara uma cópia da sua resposta, foi mais rápido na jogada. Em uma hora, o remetente estava ao telefone pedindo desculpas se, por acaso, o "senso de humor" dele tivesse sido mal interpretado.

Algumas lições extraídas daí:

Em primeiro lugar, as palavras não transmitem tão bem o "senso de humor" quanto uma piscadela, um sorrisinho torto ou um tom de voz malicioso.

Segundo, ele pode ter pensado que a sua resposta rápida como um raio tinha sido muito esperta, mas o chefe dele e eu discordamos.

O problema com e-mails é que ele segue com mais rapidez do que nosso cérebro consegue processar. É por isso que sempre evito responder on-line uma mensagem que exige uma certa delicadeza. Preciso enxergar a minha resposta completa, burilada, refletida, e algumas vezes peço uma segunda opinião antes de enviá-la.

Desde a época em que os egípcios criaram o papiro, as pessoas deixaram de dizer o que pensam cara a cara. Os e-mails são as cartas de hoje. Mas, em vez de ruminarmos o conteúdo no caminho do correio, precisamos apenas apertar um botão para dar voz aos nossos pensamentos.

E-mails raivosos custam empregos. Isso é o que acontece com os descuidados. Pergunte a Jo Moore!

Precisamos ter consciência de que todos os e-mails que mandamos sobre determinados assuntos podem acabar na primeira página dos jornais se forem parar no endereço errado, ou se o destinatário resolver enviá-los para a mídia. Então devemos ser capazes de explicar e justificar qualquer coisa que tenhamos escrito. E essa foi a dificuldade que Jo Moore encontrou.

Falando nisso, recentemente me lembraram a impressão que as palavras ásperas podem causar, quando alguns participantes de um exercício de emergência, no qual minha empresa tomava parte, se sentiram ofendidos diante das nossas conclusões. O cliente nos encomendara a criação de uma equipe de mídia para testar a capacidade de comunicação de todas as agências envolvidas. Os clientes ficaram felizes com as conclusões, inclusive com as críticas e recomendações. Eles tinham o nosso relatório por escrito, mas também havíamos discutido pessoalmente os detalhes das questões principais. Entretanto, quando alguns dos outros participantes receberam apenas o relatório por escrito, eles reagiram mal e nos disseram o que pensavam a respeito!

Decidimos que, da próxima vez, apresentaríamos um vídeo com as conclusões, assim as questões poderiam ser apresentadas de maneira visual, audível e verbal. No ano seguinte, o vídeo funcionou muito bem. Em vez de a crítica ser transmitida apenas no papel, o vídeo se aproximava mais de um encontro cara a cara.

Seja num relatório por escrito ou por e-mail, esteja sempre certo de poder justificar o que escreveu, antes que alguém lhe peça para fazer isso. De qualquer maneira, comunique-se com a rapidez de uma bala. Só evite ser a pessoa atingida por ela.

A mesma coisa, é claro, aplica-se às mensagens de texto. O filho adolescente de um amigo estava namorando duas garotas ao mesmo tempo. Elas se conheciam, mas não sabiam do jogo duplo do rapaz. Assim, quando Chris convidou Vicky para ir ao cinema, ele acrescentou de modo inesperado à mensagem de texto: "**Não** conte para a Anna". **(Elefante Cor-de-Rosa!)**

O segredo dele estaria seguro, mas pelo fato de ter rolado os nomes na agenda de endereços do celular, e sendo "Anna" a última palavra da mensagem, ele, sem querer, mandou a mensagem para a própria Anna!

Desnecessário dizer que ele recebeu uma resposta da sua namorada de longa data, Anna, dizendo que ele tinha enviado a mensagem para a pessoa errada. Dá para imaginar o estrago causado por essa mensagem de texto em particular, que acabou por se transformar num bumerangue em vez de uma bala de revólver.

O Jnglês da Rainha

Alguns vão argumentar que os e-mails e as mensagens de texto estão conspirando para destruir a própria estrutura da língua.

Só que a maneira correta de falar, como aprendi na escola, era empregar o inglês da rainha. Mas isso foi nos anos de 1960: uma época em que você tinha que ser branco para votar nos Estados Unidos; em que pessoas eram enforcadas na Inglaterra, mesmo sendo inocentes; em que os homossexuais podiam ser processados por manter relações sexuais e em que as crianças apanhavam na escola por serem canhotas.

Assim como aconteceu com essas práticas desacreditadas, eu diria que agora existe uma alternativa melhor para o inglês da rainha. Afinal, a forma como nos comunicamos mudou muito desde que a rainha Elizabeth assumiu o trono em 1952. Basta comparar a televisão dura e formal daquela época com a maneira como os noticiários são apresentados hoje em dia.

Os primeiros locutores da BBC TV eram apenas isso — locutores invisíveis para as câmeras. Mas o inglês deles era o falado nas festas e coquetéis da alta sociedade inglesa.

Os boletins de notícias da BBC de hoje continuam sendo mais formais do que o das emissoras de televisão comerciais, mas já estão bem mais flexíveis. Certas contrações hoje são aceitas e também soam bem melhor.

Foi a primeira lição que aprendi quando entrei em 1980 na Radio Clyde, em Glasgow, como repórter. O meu chefe de então, Alex Dickson, disse: "Até agora você tem escrito para os olhos lerem. Agora precisa escrever para os ouvidos ouvirem. E precisa ser entendido imediatamente. Você pode ler de novo um parágrafo quando se trata de um jornal, mas no rádio, só se ouve uma vez".

Desde então, tanto no rádio quanto na televisão, tenho escrito para o ouvido, e passei a usar as contrações.

E esse é um hábito que faz parte do meu estilo de escrita. Isso realmente incomodava minha antiga secretária, que mudava para o idioma formal toda a minha linguagem coloquial, nas cartas para os clientes. "Foi assim que me ensinaram no colégio", ela me dizia.

"Ótimo", eu retrucava. "Mas, depois de uma conversa amigável pelo telefone com um cliente, por que se tornar formal numa carta que reitera a mesma questão, se a linguagem informal deixa o tom mais leve?"

Constantemente ela formalizava minhas cartas. Constantemente eu informalizava suas correções.

Essa é a única e maior razão por que as apresentações empresariais parecem tão duras. O discurso pode ser bom como texto escrito, que se lê com os olhos. Mas quando é lido, parece duro e formal, fazendo com que o orador pareça antiquado, talvez um guardião do idioma da rainha. A própria rainha parece muito antiquada atualmente em sua Mensagem de Natal. E embora se fizessem muitas tentativas para deixar mais leve a transmissão, é o inglês escrito e a apresentação que fazem o texto parecer duro.

A gramática é importante? Bem, era costume ensinar a gramática mais purista. Mas isso deixou de ser prioridade em muitas escolas — e até mesmo desapareceu em alguns lugares. Hoje, todos nós aprendemos

132 / LIVRE-SE DO ELEFANTE COR-DE-ROSA

de diferentes formas e muitas vezes nos sentimos mais à vontade com uma forma de gramática mais adaptada ao nosso jeito. A maioria das pessoas colocaria a sinceridade e a credibilidade antes da gramática.

E quanto ao sotaque? Os clientes vivem me dizendo como têm consciência do seu sotaque de Aberdeen/Liverpool/Newcastle. O sotaque apenas me informa onde eles viveram e moraram. Se a voz for clara e confiante e se eles empregarem as "regras" que expus longamente aqui, o sotaque não terá importância quando comparado à confiança que adquiriram.

Na Grã-Bretanha, a atitude em relação ao sotaque mudou muito no correr dos anos de 1980. Eu me lembro bem de chegar nos estúdios da ITN (Independent Television News) em Londres, para fazer alguns turnos, enquanto trabalhava em tempo integral na televisão escocesa. Quando comparava os sotaques dos apresentadores educados em Oxford e Cambridge com o meu, eu realmente me sentia como se tivesse caído de pára-quedas, vindo de um canto remoto da Escócia.

Mas apenas seis anos depois, quando comecei a trabalhar na BBC no *Breakfast News* com Jill Dando e Nick Witchell, eu já me sentia totalmente em casa. Duas coisas haviam acontecido: a confiança em mim mesmo havia aumentado e os "sotaques" regionais, como a BBC gostava de chamá-los, eram agora incentivados na televisão nacional.

Passou a ser interessante ter um sotaque galês, irlandês do Norte, de Newcastle ou do interior, até mesmo escocês como o meu! Foi então que os empregadores de telefonistas de centrais telefônicas perceberam que esses sotaques muitas vezes soavam amigáveis e inspiravam confiança — daí o aumento da procura por esses sotaques por parte das centrais telefônicas.

A linguagem, como a própria Terra, está sempre mudando, sempre evoluindo. Ainda assim, fico arrepiado quando ouço "disparates" gramaticais, pois é como os vejo, nos noticiários.

Lembre-se de que o uso errado de uma palavra ou frase interrompe a linha de pensamento do ouvinte, muitas vezes fazendo com que ele perca o que vem a seguir. O mesmo ocorre com uma construção gramatical muito ruim.

Assim, quando ouve que "*menas* pessoas em férias visitaram..." você pode ficar preocupado corrigindo o idioma, enquanto deixa de ouvir qual foi a localidade cujo número de visitantes entrou em declínio.

(A propósito, prefira *número* de visitantes, em vez da *quantidade*. Esse também é um mau uso freqüente.)

Resumo

1   *Os e-mails viajam na velocidade de uma bala, por isso certifique-se do que está escrevendo antes de puxar o gatilho.*

2   *A linguagem coloquial torna o discurso ou a apresentação muito mais compreensível.*

3   *Todo mundo tem sotaque. Pare de se preocupar com o seu.*

Capítulo 12

Três perguntinhas

"Eu sei que às vezes digo coisas que não são muito diplomáticas."
Nikita Khruschev (Líder soviético durante
a crise cubana dos mísseis)

Digamos que o professor principal da cidade de Truro, na Cornualha, ganhe 10 milhões de libras na loteria. Como a mídia cobriria o acontecimento?

O jornal semanal da região trataria disso na primeira página, com extensa cobertura nas folhas internas, entrevistando a família, os colegas e os alunos do afortunado professor. As implicações da vitória e a possibilidade de uma aposentadoria antecipada de um professor muito respeitado teriam uma vasta cobertura.

A estação de rádio regional daria destaque ao acontecido em seu boletim de três minutos, mas só depois da cobertura de um incêndio com fatalidades e do corte de empregos locais, além do orçamento do chanceler.

O noticiário da BBC TV em Londres trataria disso como uma história introduzida pela expressão "e finalmente", concedendo-lhe alguma coisa entre 15 e 45 segundos do seu tempo no boletim com meia hora de duração.

Por que essa atitude tão contrastante? Porque ela depende da importância ou do interesse que a história tem para cada pessoa. Para os leitores do jornal local, é imensa. Para os ouvintes da estação de rádio, é um interessante fato local. Para o público da BBC em Yorkshire, Gales ou Irlanda do Norte, é de interesse passageiro.

E é assim que, em resumo, as pautas dos noticiários são organizadas.

Então, como devemos determinar a nossa pauta de notícias no dia-a-dia? Exatamente da mesma maneira.

O nosso par vai ficar muito interessado em nosso aumento de salário, os filhos vão estar meio sem tempo para perceber a diferença, os amigos podem ficar relativamente felizes por nós e os amigos distantes, parentes e vizinhos provavelmente nem vão ficar sabendo.

Tomamos essas decisões todos os dias e sabemos que muitas delas saem erradas. Mas falhamos na hora de perceber o quanto o noticiário aborrece tanta gente.

Lembra-se da descrição de Tom Watson para "boca de golfe"?

Pois a expressão "boca de golfe" pode ser aplicada a todo tipo de situação, mesmo que seja com um nome diferente. Quando se descreve os mínimos detalhes de um carro novo, desde a capacidade cúbica do motor até quanto o carro leva para ir de 0-160 quilômetros por hora, poderíamos fazer uma "boca de carro". Um relato detalhado das nossas férias, seria uma "boca de férias".

Entretanto, é justo dizer que sua esposa ou marido ou sócio, que não joga golfe, gostaria de saber se você ganhou ou perdeu a partida. E seu filho, louco por golfe, certamente gostaria de saber como você jogou e o que deu errado e quanto você acertou. Tudo depende do nível de interesse.

E isso me leva de volta ao jornalismo e às três perguntas que eu deveria fazer antes de relatar minhas notícias:

1   O que eu quero dizer?

2   Para quem estou falando?

3   Então como vou expressar isso?

Vamos transpor isso para uma situação cotidiana. Digamos que você queira uma sexta-feira livre para ir a um casamento. O problema é que há excesso de trabalho e o escritório já está sob pressão. O melhor a fazer seria procurar o seu chefe e dizer: "Sei que temos muito serviço, mas fui convidado para um casamento na sexta-feira que vem e tenho certeza de que o senhor **nem** vai perceber que estou fora". (**Elefante Cor-de-Rosa!**)

Tente se quiser, e depois me diga como se saiu. Que pena perder o casamento. Você teria gostado muito da festa!

Em vez disso, seria mais razoável dizer: "Fui convidado para um casamento na sexta-feira que vem. Sei que coincide com um momento em que estamos abarrotados de serviço. Por isso, fiquei imaginando o que o senhor acharia se eu fizesse a minha parte do trabalho na quinta à noite e não viesse na sexta. Gostaria muito de ir a esse casamento e ficaria muito contente em receber essa ajuda".

A propósito, a resposta ainda pode ser "não". Mas a primeira abordagem aumentaria as chances da rejeição, enquanto a segunda as reduziria.

Por isso responda às nossas três perguntas ...

1   O que eu quero dizer? *Eu quero ir a um casamento na sexta que vem.*

2   Para quem estou falando? *Para meu chefe, que se sente muito pressionado.*

3   Então como vou expressar isso? *Oferecendo uma solução e pedindo a ajuda dele.*

A comunicação muitas vezes falha porque sabemos o que queremos dizer, mas deixamos completamente de considerar quem vai nos ouvir. No entanto, se um dia já tivermos conversado com crianças, e pais devem ser mestres nessa arte, ficaria bem claro para nós que *somente* quando levamos em consideração o ouvinte é que podemos ter esperança de nos comunicar adequadamente. E às vezes isso dá muito errado.

Ouvi como uma mãe assustou a filha de sete anos enquanto dirigia para o norte, transitando sobre a Ponte Forth, de Edimburgo para Fife. Apontando à direita para a impressionante Ponte Ferroviária Forth, ela disse: "No sábado você vai voltar com sua tia Jill por aquela ponte. Vai ser divertido, não vai?"

A garota olhou para a ponte de trilhos e ficou em silêncio. Quando a mãe olhou para ela, viu as lágrimas escorrendo pelo rosto da filha.

"Mas o que foi que aconteceu?", perguntou.

Entre soluços, a menina mal conseguia falar, depois de interpretar mal o propósito da ponte de trilhos maciça, formando dois picos. "Eu **não** quero subir lá e depois ter de descer de lá", choramingou. (**Elefante Cor-de-Rosa!**) "Eu enjôo em montanha-russa."

Você vai conhecer muita gente que não se pergunta qual o impacto que as suas palavras exercem sobre os ouvintes.

Um parente meu, pensando que estava cumprimentando uma garçonete que perdera muitos quilos fazendo regime, anunciou para minha mulher e para mim, diante da jovem: "Esta é a garçonete que eu disse a vocês que era muito gorda". O rosto dela traiu o que ela deve ter pensado dessa observação!

Eu dirigia na estrada, ouvindo o programa de atualidades da BBC Radio Four, quando uma entrevista ao vivo mencionou as bispas na Igreja Anglicana. Quando pediram a um bispo que tinha acabado de votar contra a proposta de mulheres no clero para que justificasse sua decisão, escutei o comentário sobre a antiquada polêmica.

A resposta dele foi lenta e deliberada: "Porque não é ingênito, do ponto de vista ecumênico ..." E foi por aí afora, até que mudei para o noticiário da Radio Five Live, que pelo menos eu conseguia entender.

A situação também fez com que eu me perguntasse se ele ao menos sabia o que queria dizer. A minha intuição é de que muitas vezes temos menos certeza do que gostaríamos de ter.

As pessoas agora estão se saindo muito melhor do que quando as secretárias eletrônicas e mensagens de voz foram inventadas.

Um antigo colega tinha os pensamentos de tal forma desorganizados que o tempo disponível para deixar uma mensagem normalmente acabava antes que chegasse ao que interessava. Ele dava gritos de desespero, antes de telefonar de novo e tentar deixar uma mensagem mais concisa.

Os telefonemas para os programas noturnos de futebol aos sábados são conduzidos por apresentadores frustrados que perguntam a ouvintes incoerentes: "Aonde você quer chegar?"

Ora, seja em telefonemas para a rádio ou deixando uma mensagem na secretária eletrônica, sabemos para quem estamos ligando e é de esperar que já haja um certo nível de organização nos pensamentos. Mas o que acontece quando, numa loja, você esbarra num velho colega de escola e ouve: "E então, o que tem feito desde que saímos da escola?"

Por onde você começa? Com seu casamento ou com o divórcio? Com o nascimento da filha ou com o casamento dela? Com o seu primeiro emprego depois de sair da escola ou com o atual?

Diante de todas essas variáveis, você provavelmente irá falar sobre o que esteve fazendo nesse dia, onde trabalha agora e com quem está morando atualmente. Mas, quem sabe? A pergunta é tão ampla que a resposta pode seguir em qualquer direção. E tudo porque você estava completamente despreparado para a pergunta.

Assim, vamos dar alguma estrutura à nossa conversa, começando com o que queremos dizer.

O que é que eu quero dizer?

Com freqüência não sabemos bem o que queremos dizer, daí as mensagens incoerentes na secretária eletrônica. É por isso também que, só depois de sairmos de uma discussão é que nos lembramos de tudo aquilo que queríamos dizer.

Assim, antes de levantar o fone do gancho, antes de tomar a palavra numa reunião, antes de falar com uma balconista, elabore o que vai dizer.

Em nossos cursos de treinamento de mídia, há uma enorme diferença entre a primeira entrevista a que submetemos os participantes e a segunda. Isso porque pedimos a eles para fazer a primeira entrevista antes de elaborar qualquer pensamento. Mas insistimos para que escrevam três ou quatro tópicos antes da segunda e aí eles têm a oportunidade de dizer o que realmente desejam.

No entanto, algumas pessoas são incapazes de falar muito sobre seu trabalho ou sobre a empresa em que trabalham, além do nome dado ao seu cargo e uma enxurrada de jargões que o envolvem numa nuvem de mistério.

Daí a importância do segundo ponto:

Para quem estou falando?

Falamos com nossos pais de maneira diferente da que empregamos quando nos dirigimos aos nossos filhos, que por sua vez é diferente de como falamos com nosso cônjuge. Os colegas fazem parte de uma outra categoria. Há também os amigos, clientes, fornecedores. E a lista vai longe. Digo que é diferente porque cada pessoa é um ser humano diferente, com interesses e aspirações diferentes.

Até mesmo o lugar onde se mora nos dá uma perspectiva diferente diante das outras pessoas.

Uma vez sugeri a uma apresentadora de previsão de tempo de uma rede de televisão que, quando ela apontava para o mapa e dizia: "Lá em cima, na Escócia, vai continuar nublado, com chuvas do outro lado em Gales e, embaixo, na Cornualha...", as referências dela derivavam apenas da perspectiva de um londrino. Mas aqueles que viviam "lá em cima" na Escócia, "do outro lado" em Gales e "embaixo" na Cornualha acreditavam que estavam no centro do universo. Da Escócia, Gales fica "embaixo". Da Cornualha, Gales fica "em cima". Portanto "no outro lado" está reciprocamente errado! No dia seguinte, ela voltou à GMTV, incomodando mais uma vez os celtas com algumas referências geográficas insensíveis...

Eu mesmo precisava evitar a armadilha da perspectiva da audiência quando apresentava na BBC de Londres o *Breakfast News* para todo o Reino Unido.

Certa ocasião, meu co-apresentador Justin Webb me perguntou como seria a semifinal do Campeonato Mundial de Rúgbi disputada entre a Inglaterra e a Nova Zelândia naquele fim de semana. "Bom, meu coração diz Inglaterra", comecei, "mas, na situação atual, receio dizer que o outro lado deve ganhar".

Telefonei para um produtor da BBC escocesa logo após o programa. Depois de conversarmos sobre a cobertura de futebol que estávamos organizando, ele quis me chamar a atenção. "Você fez uma salada quando falou hoje de manhã", ele caçoou.

"De que jeito?", perguntei, confuso.

"Você sugeriu que queria que a Inglaterra derrotasse a Nova Zelândia", ele explicou. "Acho que você queria dizer o contrário."

Eu lhe fiz uma pergunta bem simples: "Se perguntássemos a um apresentador inglês que estivesse no estúdio em Glasgow se a Escócia derrotaria a Nova Zelândia, como o público escocês reagiria se ele desejasse a derrota da Escócia?" Mais de 80 por cento dos ouvintes do *Breakfast News* eram ingleses. Mas, do ponto de vista da Escócia, é fácil se esquecer disso.

O que me leva à pergunta final:

Então, como devo me expressar?

E essa é a pergunta crucial. Se for para uma criança de cinco anos que está chateada porque o pai está indo para Londres, você tem que falar com discernimento e pintar uma imagem alegre para ela. Se for para a pessoa que se sentou na sua poltrona do avião, fale levando em consideração o embaraço dela e demonstrando compreensão pela confusão. Se se tratar de membros de uma força de trabalho preocupados com o futuro, fale com simpatia sobre a perda de seus empregos, explique a situação e mostre confiança no futuro, assim que as decisões difíceis forem tomadas.

Essas três perguntinhas são a espinha dorsal da estrutura de qualquer conversa, apresentação ou debate. Use-as de forma correta e a comunicação se tornará muito mais fácil, observando a importância dos pontos abordados bem como a ordem em que devem ser apresentados.

Resumo

1. *O que eu quero dizer?* Tenha sempre alguns tópicos preparados.

2. *Para quem estou falando?* Leve em conta os seus ouvintes e os interesses deles.

3. *Como vou me expressar?* Depois que pensamos nisso, podemos organizar os nossos tópicos em ordem de importância.

Seção Cinco

Propicie um entendimento mais profundo

Capítulo 13

Primeiro ouça para poder entender

"Grandes pessoas monopolizam a atenção.
Gente mesquinha monopoliza a conversa."
David Schwartz

Um dos maiores cumprimentos que alguém pode lhe fazer é dizer que você é um grande ouvinte.

Para prestar atenção no que os outros dizem, é preciso estar interessado no que eles têm a dizer. E é aí que muitas pessoas falham. Você mesmo deve ter presenciado a cena de ouvintes desatentos. Eles lhe fazem uma pergunta, prestam atenção à primeira frase da sua resposta e gradativamente vão se distraindo à medida que a resposta vai prosseguindo.

Eu estava no intervalo de uma conferência quando aconteceu exatamente isso. A pessoa que me fez a pergunta viu alguém com quem tinha que falar e, sem me dizer nada, começou a divagar 20 segundos depois de eu começar a lhe dar minha resposta. Devo ter batido todos os recordes de como entediar um ouvinte sem nem chegar a descrever minha última partida de golfe!

Outros ouvintes desatentos acenam diligentemente com a cabeça diante do que estamos falando, mas estão apenas esperando uma paradinha para tomarmos fôlego para entrarem com a história deles. Podemos terminar a frase dizendo: "... e então cortei fora a cabeça da minha mulher antes de sair para trabalhar", e eles ainda assim irão lhe contar a história deles, totalmente desatentos ao que acabamos de dizer.

E então há o time do "não há nada que se compare com o que aconteceu comigo", cuja habilidade é "superar" a sua história. A experiência deles foi maior, mais rica, mais rápida, mais perigosa, mais engraçada do que a nossa e assim podemos aceitar bem o fato de que nos usem como escada para ficar por cima na conversa.

Finalmente, há aqueles que podem passar várias horas conosco e não saberem nada a nosso respeito, porque esqueceram de nos fazer pelo menos uma pergunta nesse tempo todo. Sempre fico perplexo quando termino uma partida de golfe, sabendo tudo a respeito da família, dos negócios, das últimas férias e do próximo feriado do meu adversário, embora ele não seja capaz de dizer nada a respeito da minha vida porque não me fez nenhuma pergunta.

É claro, algumas pessoas são naturalmente tímidas e ficam sem saber que perguntas podem fazer. Eu costumo perguntar às pessoas sobre a família delas, em que trabalham ou onde moram. Pergunto se viajaram nas férias de verão ou se terão alguma oportunidade de fazer isso antes do inverno.

Ouvir com atenção e fazer perguntas é mais fácil quando você faz disso um hábito. Em geral, os homens lutam um pouco mais com isso do que as mulheres. Entretanto, alguns dos homens mais bem-sucedidos que conheço são grandes ouvintes. Eles prestam atenção ao que dizemos. Eles verdadeiramente se interessam pela nossa vida.

E se uma pessoa se mostra interessado pela nossa vida, sentimo-nos inclinados a mostrar interesse pela dela.

Voando de volta a Londres há alguns anos atrás, entabulei uma conversa com o homem que estava no assento ao lado. Quando aterrissamos, ele parou de repente e disse: "Meu Deus! Estivemos conversando durante toda a viagem e eu só falei de mim. Que coisa mais aborrecida!"

"Pelo contrário", retruquei. "Já sei tudo a meu respeito. Realmente gostei muito de ouvir o que tinha a me dizer."

E quando ele perguntou sobre a minha carreira, senti que estava verdadeiramente interessado, como eu estivera em relação à dele.

Alguns anos atrás, ouvimos a notícia de que a mulher de um conhecido nosso havia morrido. Nós o convidamos para jantar algumas semanas depois e conversamos durante horas. Quando estava indo embora, ele nos agradeceu pelo jantar e nos disse como tinha sido bom ficar em dia com as nossas novidades.

Só que, na verdade, as nossas novidades ficaram de fora da conversa naquela noite. Nós só tínhamos conversado sobre a mulher dele, a filha e o que ele faria para se adaptar à nova situação. Mas, justamente, esse tinha sido o objetivo daquela noite. Nós o convidamos para ouvi-lo.

Todos nós podemos ser cuidadosos ao entrar em contato com alguém que tenha perdido um parente próximo recentemente ou ao telefonar para um colega de trabalho que está passando por dificuldades. Na verdade, a maioria das pessoas nessas circunstâncias quer falar com alguém que as escute com simpatia, sem querer oferecer soluções rápidas para seus problemas.

Fiz essa experiência com amigos cujos negócios faliram de forma dramática, enterrando seus planos de aposentadoria. Pelo telefone, simplesmente quis saber se eles gostariam de se encontrar comigo para conversarmos. Passamos a noite seguinte discutindo os acontecimentos, até mesmo dando algumas risadas. Mais uma vez, meu papel era escutar. Mas isso é o que os amigos fazem quando atravessamos momentos difíceis.

Embora eu seja jornalista desde os 17 anos e locutor desde os 21, reconheço que, alguns anos atrás, assim que cobria as principais questões, eu me tornava um ouvinte desatento.

Falar era a minha maneira de ganhar a vida.

Mas, quando meu trabalho me obrigou a entender melhor as questões trazidas pelos clientes, precisei prestar muito mais atenção do que anteriormente. Eles só entenderiam as minhas sugestões para melhorar a comunicação deles se eu escutasse primeiro o que tinham a dizer.

Observar a maneira como minha mulher ouve os outros também me mostrou por que as pessoas procuram Caroline quando precisam do apoio de alguém. Ela é uma grande ouvinte.

Como nação, acredito que somos rápidos demais em tirar conclusões por causa do modo como vemos a realidade. Mergulhamos em nossa caixa de visões estereotipadas em vez de ouvir com mais atenção o que a outra pessoa tem a dizer, a fim de entender o que a levou até ali.

Ouvir atentamente é a chave da compreensão. Somente quando aprendemos a ouvir podemos ter esperanças de compreender.

Preste atenção às porcentagens — 55, 38 e 7

Agora que já entendemos que devemos ouvir em primeiro lugar, como vamos agir para convencer as pessoas sobre nossas idéias?

Bem, se realmente quisesse convencer uma amiga a ajudá-lo num projeto, você iria:

a   escrever-lhe

b   telefonar-lhe

c   visitá-la

A resposta fica mais óbvia quando se percebe que passamos somente sete por cento da nossa mensagem por intermédio das palavras que escolhemos, 38 por cento pelo tom de voz que empregamos e 55 por cento por meio da linguagem corporal, principalmente pela nossa expressão facial.

Portanto, um encontro é mais eficaz do que um telefonema, que por sua vez é mais eficaz do que uma carta, e-mail ou mensagem de texto.

Este livro é todo dedicado à seleção das palavras certas e elas só representam patéticos sete por cento da mensagem em qualquer conversação cara a cara! (É claro que em cartas, e-mails ou mensagens de texto, elas correspondem a 100% da comunicação.)

Ainda que as fundações de um edifício correspondam apenas a uma pequena porcentagem da sua estrutura, se elas forem malfeitas, o prédio vem abaixo. Por isso as palavras são as fundações essenciais da construção da nossa comunicação verbal.

Trinta e oito por cento da mensagem, uma quantidade apreciável, é determinada pela entonação, mas pense por um minuto apenas em como a palavra pode ter uma grande variedade de significados:

• "Sim?" pode ser uma pergunta educada feita por um balconista, interessado em saber como pode ajudar um cliente em potencial.

- "Pois sim?" pode ser uma pergunta feita por uma pessoa irritada, que na verdade quer dizer "O que é que você quer agora?"

- "Pois sim!" pode indicar uma dúvida ou desaprovação diante de algo que alguém disse.

- A resposta "sim" pode se mostrar bem embaraçosa, como demonstrou num restaurante a personagem Sally, interpretada por Meg Ryan no filme *Harry e Sally*, enquanto pronunciava essa palavra num contínuo crescendo, para vergonha completa do personagem Harry, interpretado por Billy Cristal.

O tom com que se fala é extremamente importante. Agora considere todas as variações do "sim" quando se acrescenta um levantar de sobrancelhas, uma crispação raivosa ou um sorriso triunfante. Assim, a linguagem corporal triunfa sobre a entonação e as palavras.

É por isso que a televisão, passando-nos imagens, dominou a mídia desde sua invenção. Evidentemente o rádio fez a mesma coisa antes da televisão. E quando só tínhamos os jornais, eles eram o centro das atenções.

As nossas opções de comunicação hoje são tão vastas e variadas que num só dia podemos enviar mensagens de texto, e-mails ou uma carta; fazer alguns telefonemas; falar com as pessoas cara a cara; assistir à televisão; ouvir rádio; ler jornal e verificar a previsão do tempo no canal interativo via satélite.

Se bem que sejam muito diferentes, essas formas de comunicação ainda se dividem em apenas três categorias.

Se você consegue usar as *palavras* certas, suas fundações serão sólidas. Elas irão ajudá-lo a encontrar o tom certo, porque certas palavras já têm um certo tom particular. Por exemplo, palavras positivas em vez de negativas.

Encontrar o *tom* certo pode ser difícil. Para isso, temos muitas vezes que lutar contra emoções que nos fazem parecer negativos, embora estejamos empregando palavras positivas. Mesmo assim, palavras bem escolhidas e positivas podem ainda parecer uma censura, a menos que a entonação combine com as palavras.

Entretanto, mesmo quando ultrapassamos essas duas barreiras, a *linguagem corporal* ainda estará esperando a vez de nos pegar. Quando dizemos que alguém só falou coisas agradáveis, mas mesmo assim só causou calafrios, é provável que esse sentimento tenha sido despertado mais pela linguagem corporal do que por um sexto sentido.

Por isso sugiro que o objetivo em toda comunicação deva ser verdadeiro. De outra forma, a linguagem corporal vai com certeza nos denunciar.

O elemento mais forte da linguagem corporal é o contato visual. Quando alguém nos olha nos olhos ao dar notícias boas ou ruins, acreditamos nessa pessoa. Quando o contato visual não é firme, ficamos em dúvida. Há todo tipo de explicação para um contato visual sem firmeza, sendo a timidez uma delas. Mas, para ganhar confiança, precisamos aprender a superar esses obstáculos. E quando estou falando a um grupo numeroso sentado à mesa, me esforço para dirigir o olhar de forma uniforme e com igual duração para cada pessoa, durante alguns segundos, para que todos se sintam incluídos na conversa.

Vendo recentemente um trecho de uma entrevista na televisão me lembrei de um incidente que evidenciou a importância das porcentagens. Era Kevin Keegan, agente do Newcastle United em meados dos anos de 1990, trazendo à tona uma matéria feita pelo agente do Manchester United, *sir* Alex Ferguson. Os dois times estavam empatados numa disputa emocionante de um campeonato quando Fergie fez uma observação dizendo que o Leeds United, ao jogar com o Newcastle, teria mostrado menos empenho ao jogar contra os rivais do nordeste do que contra o Man United.

Eu me lembro de ter lido a reação de Kevin Keegan nos jornais naquela ocasião e de ter comentado com meu colega que ele parecera não ter dado importância ao incidente. "Como?", ele retrucou. "Você precisava tê-lo visto na televisão ontem à noite. Ele estava fervendo de raiva!"

Depois que assisti ao trecho da entrevista e soube da reação de Keegan e do tom da sua voz, pude perceber claramente por que a matéria do jornal deixara de captar a raiva dele.

Assim, quando se tratar da sua própria mensagem, lembre-se das porcentagens: sete por cento (palavras), 38 por cento (tom) e 55 por cento (linguagem corporal). Elas vão determinar a sua capacidade de convencer uma pessoa, uma reunião ou uma conferência com milhares de pessoas.

Ou podem apenas trair a paixão que faltou nos comentários que estavam por escrito.

Resumo

1   Ouça com atenção a pessoa com quem estiver falando.

2   Contribua com a conversa de modo significativo, em vez de ficar apenas esperando para se intrometer.

3   Use a linguagem corporal e a entonação da voz para tornar convincentes as palavras que escolheu com cuidado.

Capítulo 14

Palavras poderosas

"As palavras são, é claro, as drogas mais poderosas usadas pela humanidade."
Rudyard Kipling

Você deve ter notado que cada capítulo deste livro começou com uma citação apropriada que resume parte da mensagem. A maioria foi colocada aí para dar mais credibilidade ao conselho que a segue. E sendo a fonte tão respeitável, a sugestão é que, se é nisso que essas pessoas acreditam, o mais provável é que estejam certas.

Assim, quando pega uma citação emprestada, você também toma emprestada uma reputação.

Acho muitas vezes que palavras poderosas são tudo de que precisamos para levantar o ânimo de alguém, quando essa pessoa sente que não agüenta mais e quer desistir, ou então para colocar em perspectiva os reveses por que tem passado.

Uma das minhas citações favoritas é *"fracasso é o momento em que você desiste de tentar"*. Ou dizendo de outra maneira, *"sucesso é conse-*

guir se levantar uma vez a mais do que o número de vezes em que foi nocauteado". Usei essas duas citações com pessoas que estavam passando por traumas terríveis na vida, imaginando se conseguiriam algum dia ser bem-sucedidas. O simples fato de seguirem adiante já era um sucesso.

Descobri uma citação muito útil quando sentia que estava travando uma batalha solitária contra uma injustiça feita a um amigo e me perguntava se estaria fazendo a coisa certa. A citação era: *"Para que o mal triunfe, basta que o homem bom não faça nada".*

Quando ouvi essas palavras, decidi que eu iria até o fim com aquela questão. A conclusão foi uma sentença de sete anos de prisão por abuso sexual para um sujeito que já tinha escapado impune. Esses ditados servem para colocar em perspectiva o que se pleiteia. Demonstra que outros já passaram pelo que estamos passando agora.

Seja para dar um conselho ou para fazer uma apresentação convincente, disponha-se a mergulhar na experiência alheia para marcar a sua posição.

Muitos dos princípios dispersos neste livro estão presentes em grandes citações. Eis algumas delas.

De George Bernard Shaw sobre ser proativo na vida:

"As pessoas vivem culpando as circunstâncias por aquilo que elas são. Não acredito em circunstâncias. As pessoas que sobem na vida são aquelas que procuram pelas circunstâncias que querem e, se não conseguem encontrá-las, elas as criam."

Abraham Lincoln sobre palavras que devem ser desconsideradas:

"Nunca diga 'Se eu puder'; diga 'Eu farei'."

Henry Ford sobre Elefantes Cor-de-Rosa:

"Quer pense que pode ou pense que não pode, você estará certo."

Oprah Winfrey sobre falar positivamente de si mesma:

*"Quando olho para o futuro, ele parece tão
brilhante que me ofusca os olhos."*

Kenneth Tynan sobre a crítica negativa:

"O crítico é o homem que sabe o caminho, mas não sabe dirigir o carro."

Sydney J. Harris sobre manter as coisas em perspectiva:

*"Quando ouço alguém suspirar dizendo 'A vida é dura',
fico sempre tentado a perguntar: 'Comparada a quê?'"*

George S. Clason sobre manter a simplicidade:

*"Os desejos devem ser simples e definidos. Eles frustram os
próprios propósitos se forem em grande quantidade, muito
confusos ou além das possibilidades do homem de alcançá-los."*

Thomas Fuller sobre a incapacidade de ouvir atentamente:

"Ninguém é tão surdo quanto aquele que não quer ouvir."

Thomas Jefferson sobre manter o moral alto:

*"Sempre que for fazer alguma coisa, mesmo que ninguém jamais
venha a saber, pergunte-se como agiria se o mundo inteiro
o estivesse observando."*

A história está repleta de discursos construídos sobre palavras poderosas que marcaram uma mudança de atitudes, um novo começo.

Abraham Lincoln sobre sua busca pelo fim da escravidão:

"Uma casa dividida não subsistirá. Creio que este governo não conseguirá se manter permanentemente meio livre meio escravo."

Winston Churchill ao tornar-se primeiro-ministro britânico durante a guerra, em 1940:

"Não tenho nada a oferecer, a não ser sangue, esforço, lágrimas e suor."

John F. Kennedy em seu discurso de posse como presidente, em 1961:

"E assim, meus companheiros americanos: não perguntem o que o seu país pode fazer por vocês; perguntem o que vocês podem fazer por seu país. Meus companheiros cidadãos do mundo: não perguntem o que os Estados Unidos podem fazer por vocês, mas o que juntos podemos fazer para a liberdade do homem."

Martin Luther King Jr. sobre os direitos civis, em 1963:

"Eu tenho um sonho no qual meus quatro filhos pequenos um dia viverão numa nação onde não serão julgados pela cor da sua pele, mas pelo seu caráter."

(Elefantes Cor-de-Rosa eram um modo de vida naqueles tempos de retórica!")

Somente Churchill viveu o suficiente para envelhecer — Lincoln, Kennedy e King caíram diante das balas dos assassinos. As palavras podem mudar a história. Elas também podem representar tamanha ameaça aos extremistas, que estes levam à morte prematura o orador mais moderado.

Vou deixar a última palavra com o presidente Kennedy. Trata-se de uma observação sobre ter cautela com palavras vazias:

"Palavras apenas não bastam. Quando nossa força e determinação são evidentes, nossas palavras transmitem apenas convicção, não beligerância. Se formos fortes, nossa força falará por si mesma. Se formos fracos, as palavras não servirão para nada."

A ironia profunda dessas palavras é que elas ficaram por dizer. Elas deveriam ter sido pronunciadas pelo presidente no dia 22 de novembro de 1963, em Dallas, no dia em que John F. Kennedy foi assassinado.

Resumo

1   Palavras poderosas podem resumir uma situação melhor do que pensamentos vagos.

2   As palavras podem inspirá-lo a ter sucesso e a agir sabendo que outros chegaram lá antes de você.

3   As palavras precisam ser coerentes com as ações. De outro modo, não passam de palavras vazias.

Capítulo 15

Pense, fale, aja ...
e então conte para o mundo

"Há algumas pessoas que falam um instante antes de pensar."
Jean de la Bruyère (1645—1696)

Todas as histórias horríveis que compartilhei com vocês aconteceram devido à minha imprudência.

Desejar à pobre mulher que estava sentada naquele dia frio e úmido na cabine de cobrança do estacionamento uma feliz substituição por uma máquina; chamar um motorista idoso e impaciente de "velho babão"; disparar um ataque contra um dono de restaurante exausto que tinha se atrevido a censurar minha filha. Foram as atitudes de alguém rápido no falar e vagaroso no pensar.

De tanto errar, aprendi a adotar uma abordagem mais sutil de comunicação. É muito simples. Primeiro pense, depois fale, e então aja.

Agora isso pode evidentemente parecer óbvio, mas, sempre que algo saiu errado, muitas vezes foi porque eu falei primeiro e depois agi. E só depois pensei longamente sobre as conseqüências das minhas ações.

O esforço mínimo que precisei fazer para pensar um pouquinho antes de agir foi muitas vezes compensador — quando garanti com calma a minha poltrona no avião ao ver outra pessoa sentada nela; quando pedi "desculpas" a uma multidão de fãs de tênis que perderam parte da disputa por erro nosso; quando traduzi o complicado jargão do mundo dos negócios em palavras que todos podiam entender.

É preciso prática para melhorar a maneira como nos comunicamos ao aplicar as "leis de trânsito" constantes neste livro. Mas agora eu sei — porque não perco de vista os meus princípios — que difundir minha mensagem a todos é mais fácil do que jamais foi.

Lembro-me claramente de estar sentado no carro do meu pai no meu 17º aniversário, soltando a embreagem e partindo. Quando senti que estava prestes a bater no primeiro carro parado a 100 metros dali, fiquei imaginando se algum dia chegaria a dirigir com confiança.

Isso aconteceu no verão em que entrei na faculdade de jornalismo. Minha experiência como motorista e minha experiência em comunicação têm corrido paralelamente desde então. Em ambas, eu me meti em enrascadas e causei prejuízos. Mas também aprendi com cada um dos meus erros.

Hoje, no entanto, dirijo com confiança, esteja onde estiver. E falo com a mesma confiança a amigos e a desconhecidos porque sigo o Código de Trânsito. Alguém que dirige há algum tempo, saberá o que isso significa. Mas a conscientização dessas regras de comunicação pode ser inteiramente nova para o leitor.

Mostre o mesmo espírito de aventura que demonstrou quando aprendeu a guiar ou ao aprender a tocar um instrumento, ou quando escalou uma montanha pela primeira vez.

Siga esse Código de Trânsito para se comunicar e sinta sua confiança crescer. Haverá contratempos e regras serão quebradas. Mas insista e as recompensas serão enormes.

Ao seguir essas regras, você conseguirá alcançar o que quer na vida, escolhendo as palavras certas no momento certo.

A maneira de usar essas diretrizes depende somente de você. Talvez você olhe este livro apenas como uma leitura interessante. Ou quem sabe ouse adotar minhas regras e as torne suas. É muito fácil. Apenas experimente uma de cada vez e observe como elas funcionam.

Comece por apagar os Elefantes Cor-de-Rosa do seu discurso. Todas as vezes que se sentir tentado a usar uma frase que inclua um "não" (ou qualquer negativa), transforme-a numa afirmação.

No começo, você se pegará tropeçando nas palavras, a meio caminho de um "espero **não** estar telefonando muito tarde ..." (**Elefante Cor-de-Rosa!**), antes de acrescentar "tive a idéia de lhe telefonar antes que você fosse dormir".

Você vai ouvir um colega falando num jargão totalmente específico à área de gerenciamento e vai se ver, pela primeira vez, pedindo a ele que explique o que está querendo dizer. Você pode até mesmo oferecer a ele uma série de imagens para substituir a névoa de substantivos abstratos que ele está estendendo em seu caminho.

Quando uma amiga lhe disser que o novo namorado dela é atencioso "em excesso", você ficará tentado a perguntar "Como alguém pode ser atencioso 'em excesso'?"

Quando lhe pedirem para acabar um serviço na sexta-feira, a frase "farei o possível" deverá ser substituída por "vou providenciar para que esteja pronto".

Se sofrer um contratempo no trabalho, a fórmula Pesar, Causa e Solução estará à disposição para tirá-lo do pântano e colocá-lo de volta na estrada.

Perguntas impossíveis serão respondidas com "Eu não sei. Vou pensar um pouco e depois lhe dou uma resposta". Aos pedidos impossíveis você responderá com "Não, mas posso terminar na semana que vem".

E-mails com críticas receberão respostas pensadas e educadas. E você dará um jeito de se encontrar com essa pessoa de quem precisa do apoio, em vez de lhe mandar uma mensagem de texto.

Quando lhe pedirem para fazer uma apresentação, você organizará o conteúdo perguntando a si mesmo: o que eu quero dizer, para quem estou falando e como vou me expressar?

Você falará com uma dose de humor agradável e adequada, com entusiasmo e fazendo contato visual. O tom da apresentação será carregado de convicção e suas palavras serão inspiradoras.

Quando seu chefe for cumprimentá-lo pelo sucesso da apresentação, você dirá: "Obrigado. Fiquei feliz com a receptividade. E obrigado por ter me dado a oportunidade de apresentar a conferência".

Eu já senti na pele como essas regras enriqueceram a minha vida e a vida de outras pessoas que conheci.

A primeira vez que descobri o poder dessas regras foi numa reunião com um antigo chefe de televisão. Ele me queria fora do programa de esportes para dar meu lugar a um membro regular da equipe, que exigiria menos do seu orçamento já bastante esticado. Mas a todas as negativas que ele apresentava, procurando um motivo para brigar, eu respondia com uma afirmativa. Depois de uns 15 minutos, saí do escritório dele com meu emprego intacto e ainda o mantive por mais dois anos até que decidi capitular.

Isso foi em 1991. Quatro anos depois, usei cada uma das regras que mencionei para lidar com uma questão da mídia que dominou os tablóides por todo o verão e foi assunto de centenas de colunas de jornal. Tornou-se uma matéria quente no rádio e o assunto de dois importantes documentários na televisão, transmitidos em rede pela BBC.

Minha mulher e eu apoiamos publicamente o comediante de televisão Eric Cullen (Wee Burney em *Rab C. Nesbitt*), depois que um material ofensivo foi retirado de sua casa durante uma batida policial. Os nossos motivos eram bem simples. Ele fora molestado sexualmente desde a adolescência até o início da idade adulta; então, viu sua casa sendo usada como despejo da pornografia justamente daqueles que abusaram dele, enquanto o chantageavam e extorquiam dinheiro em função da sua fama recém-conquistada.

Lidar com a mídia naquele verão, durante o seu julgamento no tribunal (onde ele estava preso) e depois na apelação (que vencemos), foi extremamente difícil. O assunto era delicado e foi entendido de maneira muito equivocada. Mas quando a pressão da mídia sobre o sistema legal ajudou a levar à justiça uma das pessoas que abusavam dele, mandando-a para trás das grades por sete anos, tudo valeu a pena. Eric, infelizmente, morreu antes disso, mas a mídia nos ajudou muito a revelar a verdade dessa história trágica.

O interessante é que quem abusou dele persuadiu o *Daily Express* a colocar na primeira página do jornal a sua prisão com uma única observação não intencional. Quando o fotógrafo tirava um instantâneo dele saindo do trem, para enfrentar o tribunal, essa pessoa disse: "Eu **nunca** abusei de Eric Cullen". (**Elefante Cor-de-Rosa!**). Naquela altura do julgamento, o nome de Eric tinha sido retirado da lista de vítimas de abuso que estava no tribunal. Mas o Elefante Cor-de-Rosa selou o destino dele perante o público.

O clímax dos três anos de trabalho foi uma aparição no programa de Esther Rantzen na BBC, dando-nos, sob o fogo cruzado do seu questionamento incisivo, a oportunidade de estabelecer, num contexto construtivo, tudo o que tinha acontecido antes.

Pouco tempo depois disso, o caso da detetive de polícia Shirley McKie que citei anteriormente, acusada injustamente (e depois inocentada) de perjúrio sobre falsas provas digitais, nos devolveu a uma trilha já conhecida. Dessa vez, ensinando-lhe as regras, dei a Shirley a munição de que precisava para lidar ela mesma com a mídia.

Ela ganhou a admiração de milhões de pessoas que testemunharam sua heróica batalha contra uma injustiça que ainda está para ser corrigida. Ela se ateve à verdade, contou a sua história complicada em linguagem clara e manteve a sua sanidade, enquanto muitos dos seus opositores tentavam desestabilizá-la.

A mídia era a única via aberta para Shirley revelar a verdade do seu caso único. Ela acredita que já foi entrevistada perto de cem vezes por jornais, rádio e televisão, incluindo duas reportagens especiais do *Panorama* da BBC. Digite o nome dela num *site* de busca da Internet e dezenas de entradas vão testemunhar sobre a infâmia que cercou esse caso e a coragem que Shirley teve de enfrentar tudo de cabeça erguida. Ela usou o nosso Código de Trânsito como diretriz, em sua luta por justiça.

A história inspiradora de sua batalha pessoal contrasta profundamente com a história de uma fábrica que anunciava o seu fechamento. Seria de se esperar depressão e desespero à medida que o dia do encerramento da produção ia se aproximando. No entanto, seguindo exatamente os mesmos princípios de comunicação, a United Distillers & Vintners alcançou algo muito notável alguns anos atrás, quando fechou sua fábrica de engarrafamento do Gordon's Gin de Laindon, em Essex. Graças à honestidade de suas palavras, ao compromisso assumido de ajudar os operários a encontrar um novo emprego e à integridade em fazer exatamente o que tinham dito que fariam (e quando), a produtividade nos últimos meses chegou a aumentar. O moral foi mantido até o fim e os trabalhadores orgulhosamente levaram seu profissionalismo para novos empregos em algum outro lugar.

Se tiver alguma coisa interessante para contar, fale com todas as pessoas que puder. Faça com que se interessem e inspire-as com sua energia e seu entusiasmo.

Procurei a mídia para anunciar o lançamento dos vídeos de golfe e de futebol que produzi, os bailes de caridade que organizamos, as partidas de futebol com fins beneficentes que apoiei, as campanhas de auxílio à infância com que estive envolvido, os apelos em que estive à frente, as sociedades de golfistas cegos das quais fui patrono, uma fusão escolar com a qual concordei, uma ação judicial com a qual não concordei. Então, você bem pode ter comprado este livro levado por algum artigo a esse respeito, divulgado em jornal, rádio ou televisão.

Todos esses artigos foram gratuitos. Com certeza eu precisava saber o que queria dizer, para quem iria falar e, portanto, como ia me expressar. Mas a mídia me oferecia o megafone caso eu estivesse preparado para pegá-lo e usá-lo.

A mesma oportunidade existe para todos. Basta aplicar o seu Código de Trânsito para lidar com jornalistas construtivos e bem organizados.

Finalmente, você pode se perguntar se as palavras que escolhe são realmente tão importantes assim. Então, relato a seguir uma história que mostra o quanto elas podem ser importantes.

Em 1998, os meus clientes da Compaq (agora Hewlett Packard) me pediram para que eu desse um curso de treinamento de mídia muito incomum para uma funcionária e sua filha. Alguns dias depois, nessa mesma semana, eu conheci Angela MacVicar e sua filha de 19 anos, Johanna, que sofria de leucemia e precisava de um transplante de medula. A Compaq esperava criar publicidade sobre o caso para conseguir um doador compatível com Johanna, que precisaria lidar com as entrevistas.

Foram os dias de treinamento mais emocionantes que eu já tinha conduzido. Muito simplesmente, precisei recondicionar essa adolescente corajosa para que ela não exagerasse as suas chances, a fim de que conseguisse falar a verdade. Ela precisava dizer ao público, qualquer que ele fosse: "Sem uma medula compatível, eu morrerei".

No final da sessão, prometi ajudar a criar publicidade para que ela pudesse fazer um apelo e, assim, chamei Eamonn Holmes, meu bom amigo e colega dos tempos do *Breakfast News*. Dois dias depois, Angela e Johanna estavam sentadas no sofá da GMTV, sendo entrevistadas pelo enfático irlandês, contando sua história com coragem e confiança. Quando Johanna disse a alguns milhões de espectadores: "Sem um doador compatível, eu morrerei", senti meus olhos marejarem. Ao mesmo tempo, no entanto, eu estava consciente da coragem dela e vibrando por ela ter conseguido transmitir sua mensagem.

Mais de dez mil espectadores ligaram para uma linha de ajuda para oferecer seu apoio. Finalmente, muitos ofereceram amostras de sangue para verificar sua compatibilidade. Atualmente, pelo menos vinte pessoas podem dizer que encontraram doadores compatíveis entre os que responderam ao apelo de Johanna, e que a habilidade dela em contar a sua história para o mundo acabou por salvar a vida delas.

Durante a sua incansável campanha, Angela e Johanna fizeram amizade com o conhecido artista Robbie Williams, que apadrinhou o seu apelo. No mínimo a vida de mais uma outra pessoa podia ser salva, graças à compatibilidade encontrada com a intervenção do cantor. Elas também ficaram amigas do ator Dougray Scott, que as apresentou a um dos maiores especialistas mundiais na doença de Johanna.

Esse médico mudou a medicação de Johanna e logo depois confirmou que as células cancerosas estavam totalmente ausentes do corpo dela. Embora ela ainda esteja em remissão da doença, essa notícia renovou a sua crença de que poderia e iria sobreviver, encorajando-a a ir passar nove meses na Austrália.

Com uma enorme coragem, levada pelo desejo de viver, Johanna apenas colocou nossos princípios em prática, com resultados surpreendentes. Ela ainda precisa encontrar um doador compatível. O que ela já encontrou, entretanto, é satisfação e alegria.

Algumas pessoas que estão lendo este livro com certeza já terão sido obrigadas a jogar com as cartas que a vida deu a Eric Cullen, Shirley McKie ou Johanna MacVicar. Contar a sua história e alcançar seus objetivos deveria ser, na maioria dos casos, uma jornada com menos obstáculos.

Assim, siga esses princípios quando estiver sendo entrevistado para o próximo emprego. Atenha-se às regras quando estiver prestes a falar em público.

Use exatamente a mesma abordagem quando estiver solicitando ao seu jornal local que publique uma corrida beneficente, uma festa da igreja ou um jogo para arrecadar fundos. Há sempre um ramo da mídia que pode ajudar a sua causa e ao mesmo tempo promover a dele. Seja proativo, claro e entusiasmado.

O maior jogador de basquete do mundo, Michael Jordan, fez um apanhado geral de seus desempenhos que é de tirar o fôlego. Ele disse: "Perdi todas as cestas que eu nunca tentei".

Você pode viver só para lamentar as oportunidades perdidas. Em vez disso, estabeleça seus alvos, escolha as palavras certas e siga em frente. E se perder, tente novamente. E mais uma vez.

Até ser bem-sucedido.

Resumo

1   Coloque em prática diariamente todas as regras da boa comunicação do Código de Trânsito.

2   Permita que sua confiança aumente com a certeza que as palavras, pensamentos e ações trazem.

3   Conte ao mundo o que tem a oferecer. Pode ser essa a diferença entre o fracasso e o sucesso, a felicidade e a frustração. Até mesmo entre a vida e a morte.

Apêndice

O que as suas palavras contam sobre você?

Seguem 21 perguntas para testar suas aptidões em comunicação no trabalho e com os amigos.

1   Sua companheira fica ofendida quando você critica como ela se veste ... mas a blusa nova dela é horrorosa. Então você diz:
a   "Não estou dizendo que ela é horrorosa ... só um pouco espalhafatosa."
b   "Não se ofenda, mas você tem blusas bem mais bonitas."
c   "Você fica melhor naquela outra blusa nova."

2   Seu chefe lhe pede que apresente aos colegas mais antigos um projeto ao qual você está diretamente ligado. Na apresentação, você lhes dirá:
a   "Eu acho que este esquema será formidável."
b   "Eu acredito firmemente que este esquema será formidável."
c   "Eu sei que este esquema será formidável."

3   No fim de um dia de trabalho frenético, você e seus colegas estão exaustos e prontos para ir para casa. Você diz a eles:
a   "Obrigado e parabéns para todos. Fizemos um ótimo trabalho."
b   "Tratem de dormir mais cedo. Amanhã será um dia ainda mais atarefado."
c   "Mais um dia, mais um dólar."

4   Seu chefe está contente com você e o cumprimenta diante dos colegas. Você diz:
    a "Não foi nada. Foi fácil."
    b "Só estou fazendo o meu trabalho."
    c "Obrigado. Estou contente porque tudo deu certo."

5   Sua chefe diz a você e aos seus colegas que implantará o novo sistema DTML a partir da próxima semana. Ela pode muito bem estar falando a língua dos marcianos, pois você não tem a menor idéia do que ela quis dizer. Você diz:
    a "Estou esperando ansiosamente por isso. Fará uma grande diferença."
    b Nada. Você só espera que seus colegas possam lhe explicar isso mais tarde.
    c "Desculpe-me. O que é isso?"

6   Você tem uma apresentação importante para fazer aos colegas, alguns muito antigos e outros recém-chegados. Você:
    a Usa o jargão da empresa para mostrar aos chefes que você conhece o assunto.
    b Emprega uma linguagem simples para os recém-chegados ... correndo o risco de que seus chefes se sintam subestimados.
    c Intercala um pouco do jargão da empresa para satisfazer a todos.

7   Solicitaram a você que desse referências por escrito para o filho de um amigo. Entretanto, você sabe que ele sempre se atrasa no trabalho. Você:
    a Sob o quesito "pontualidade", escreve: "Uma fraqueza que precisa ser trabalhada".
    b Recusa-se a dar a referência, sem explicar o motivo.
    c Usa palavras confusas para disfarçar a falta de pontualidade dele.

8   Sua filha ou sua companheira pede que vá pegá-la às 9 da noite na estação de metrô, que fica a dez minutos da sua casa. Você pode fazer isso, mas sabe que só sairá de casa depois que acabar o seu programa de televisão favorito, que acaba às 9. Você diz:
    a "Farei o possível para estar lá às 9."
       "Tentarei estar lá às 9."
    c "Vou chegar lá às 9:10."

170 / LIVRE-SE DO ELEFANTE COR-DE-ROSA

9   Seu amigo o convida para ir ao cinema e ver o filme mais recente do Austin Powers, embora você prefira assistir ao novo filme do Harry Potter. Você diz:
a   "Não, mas eu iria com você para ver o Harry Potter."
b   "Sim, vai ser muito bom." (E sofre em silêncio durante toda a projeção.)
c   "Combinado." (Então, no dia marcado, liga dizendo que está doente.)

10 Durante o jantar, o seu amigo diz que todos os terroristas deveriam ser executados sem julgamento. Você discorda dessa opinião, então diz:
a   "Você está completamente errado."
b   "Os seus argumentos não fazem nenhum sentido para mim."
c   "Eu tenho um ponto de vista totalmente diferente."

11 Você sabe lidar com as pessoas e é ágil no computador. O seu chefe pergunta se pode ajudar a treinar alguns colegas demonstrando o seu conhecimento no teclado. Você diz:
a   "Sim, posso."
b   "Espero conseguir fazer isso."
c   "Estou razoavelmente segura de que poderei fazer isso."

12 Durante o jantar, seu amigo lhe pergunta diante de pessoas que você não conhece bem, o que você pensa da política norte-americana no Oriente Médio. Você fica preocupado em demonstrar sua ignorância, assim você:
a   Enrola com convicção.
b   Diz que entende tanto o ponto de vista dos palestinos quanto o dos israelenses (embora você desconheça os dois).
c   Diz: "Eu realmente não tenho certeza de qual é a política norte-americana com respeito a essa questão".

13 Você recebeu o prazo de uma semana para concluir um trabalho. Mesmo trabalhando o fim de semana inteiro e durante muitas noites, você sabe que o trabalhe exige duas semanas. Você diz:
a   "Vou providenciar para que fique pronto a tempo." (Sabendo que vai ter que arranjar uma outra desculpa na semana que vem.)
b   "Preciso de mais ajuda/mais tempo/ambos, para cumprir esse prazo."
c   "O prazo é impossível. Eu já estou sobrecarregado."

14 Num bar, uma colega ... depois de alguns drinques ... critica o seu gosto em relação aos homens. Você diz a ela:
a "Pelo menos eu tenho homens na minha vida."
b "Você não é a pessoa mais indicada para me criticar."
c "Gosto não se discute."

15 Você quer que um amigo o ajude contribuindo com boa parcela do tempo dele para organizar um evento beneficente. Já faz algum tempo que você não o vê, assim você faz um pedido:
a Combinando um encontro para conversar a respeito.
b Mandando um e-mail para economizar tempo.
c Pedindo a ajuda dele por telefone.

16 Você quer que uma porção de gente compre ingressos para o seu evento beneficente (agora seu amigo está ajudando) e decide entrar em contato com o jornal local. Você:
a Telefona para a redação e pergunta se eles ouviram falar sobre o evento.
b Escreve os itens principais e os explica a um repórter.
c Fala sobre o evento ao repórter e pede para ver a reportagem antes que seja publicada para verificar se o texto não contém imprecisões.

17 A mãe de uma amiga acabou de morrer. Você:
a Encontraria com ela para tomar um café e dar-lhe conselhos.
b Esperaria um mês para dar tempo a ela para refletir.
c Entraria em contato com ela para saber como ela está enfrentando a situação.

18 Você recebe um e-mail censurando-o e exigindo uma explicação imediata que justifique algo que tenha dado errado no trabalho. Você:
a Acusa o recebimento do e-mail, explica que vai verificar alguns fatos e então dará uma resposta completa quando tiver tudo em mãos.
b Responde imediatamente com toda a força da sua intuição em relação ao problema.
c Paga na mesma moeda ... e manda uma resposta cáustica.

19 Numa discussão com seu companheiro, ele a acusa de ter deixado de transmitir um recado telefônico ... o que você nega. Depois de pensar um pouco, você percebe que ele estava certo. Você simplesmente se esquecera do telefonema (que ele mesmo havia dado). Você diz:
a "Eu estava errada ... desta vez."
b "Estamos ambos errados, tanto eu quanto você."
c "Sinto muito, eu estava errada."

20 Se você admitiu que estava errada, agora como vai consertar a situação? Você:
a Vai dizer a ele que vive fazendo coisas erradas e que essa é a sua maneira de ser.
b Vai dizer a ele que ficou feliz por pedir desculpas dessa vez ... mas vai lembrá-lo de pedir desculpas da próxima vez em que ele estiver errado.
c Diz que sente muito ... que havia se esquecido do telefonema ... e que colocou uma caneta e um bloco ao lado do telefone para vocês anotarem os recados.

21 Você está descontente com o comportamento de um de seus colegas. Você:
a Conta aos outros colegas em particular (enquanto ele não está presente) por que não está contente com ele.
b Pede para conversar em particular com ele e lhe diz por que você está descontente.
c Confronta-o diante dos outros para lhe dar uma lição.

Respostas

1   Resposta: c
As outras duas declarações são Elefantes Cor-de-Rosa (negativas desnecessárias) que somente reforçam as palavras "horrorosa" e "ofensa". A resposta "c" evita a armadilha e diz a verdade.

2   Resposta: b
"Eu acho" é somente um pensamento e não demonstra convicção. "Eu sei" pode parecer arrogante, quando é impossível saber com certeza sobre o fu-

turo. "Eu acredito firmemente" é uma declaração de uma crença forte e a melhor indicação de que você está disposto a ser bem-sucedido.

3   Resposta: a
"Obrigado e parabéns" quando ditas com sinceridade podem ser as palavras mais encorajadoras. A maioria das pessoas relata que se sente subestimada no trabalho e que raramente, ou nunca, recebe agradecimentos quando se esfalfa de tanto trabalhar. Se assim é, porque elas deveriam se preocupar com o amanhã?

4   Resposta: c
Quando você recusa um elogio ... muitas vezes com medo de parecer "convencido" ... você está negando que confia em sua oportunidade de crescimento. Aceite o elogio. Confie nele. E lembre-se dele no dia em que alguma coisa sair errado.

5   Resposta: c
A sua chefe vai querer que você entenda o que ela está falando. Ela pode ter esquecido que ainda precisava explicar o novo sistema para você. Embora você possa se sentir um pouco idiota por ter que perguntar, quem é que vai se sentir idiota se o sistema falhar porque todos estavam confusos?

6   Resposta: b
Usar qualquer jargão vai deixar os recém-contratados confusos e impossibilitados de entender o que você está dizendo. Manter a apresentação em termos simples vai demonstrar que você consegue interpretar uma mensagem complicada, fazendo com que todos a entendam. Uma qualidade rara!

7   Resposta: a
Recusar-se a escrever uma referência é fugir de uma questão que poderia ser resolvida. Disfarçar a impontualidade, por sua vez, colocaria a sua integridade em dúvida.

Só falando a verdade você manterá a sua integridade.

8   Resposta: c

"Farei o possível" e "Eu vou tentar" demonstram falta de certeza e de comprometimento. Deixam sua companheira ou sua filha insegura sem saber se você estará lá no horário ou não. Seja claro ... e esteja lá.

9   Resposta: a

Por que desperdiçar tempo e dinheiro ou sofrer com a culpa de ter contado uma mentira ao seu amigo? Ao dizer "não", você está expressando um ponto de vista sobre o filme, mas demonstrando que gostaria de ir ao cinema com ele.

10   Resposta: c

As outras duas respostas são desnecessariamente provocativas por causa das palavras "você" e "seus". Se quiser ganhar a discussão, argumente contra o ponto de vista, não contra a pessoa.

11   Resposta: a

As palavras "espero" e "razoavelmente" estão dando a você uma escapatória no caso de não conseguir. Você sabe lidar com pessoas, conhece bem o computador e seu chefe confia em você. Basta fazer o que foi pedido ... sem palavras que "enfraqueçam" a sua afirmação.

12   Resposta: c

A realidade é que aquilo que nos falta saber sobre o mundo é mais importante do que aquilo que sabemos. Por que fingir e cavar um buraco para si mesmo? Fale a verdade e as pessoas vão respeitar a sua honestidade.

13   Resposta: b

Preparar-se para não cumprir a tarefa ou devolver o problema jogando-o de volta na cara do chefe não é o melhor caminho. Lide com a questão ... e com a solução ... imediatamente.

14   Resposta: c

Se responder com um insulto, você terá perdido a razão. A terceira resposta é a declaração de um fato, mais do que uma opinião. Enquanto sua amiga pode se lamentar pelo que disse quando ficar sóbria, você poderá olhá-la nos olhos da próxima vez e ser capaz de manter a cabeça erguida.

15   Resposta: a
Se realmente quer ajuda e isso exige algum sacrifício do seu amigo, é muito mais fácil persuadi-lo pessoalmente. Os e-mails podem parecer frios e podem ser lidos por alto ... e por telefone é mais fácil dizer "não".

16   Resposta: b
Os jornais locais vivem das histórias da região sobre pessoas da região. Eles só vão saber a respeito do que você está organizando se você lhes disser. Mas eles não têm muito tempo e querem os fatos relatados corretamente, por isso prepare o que vai dizer para ser entendido. Deixe que façam o serviço deles e evite tratá-los como se fossem crianças, pedindo para ver o trabalho antes de publicar.

17   Resposta: c
A maioria das pessoas (embora nem todas) aproveitará a oportunidade para falar e ser ouvida. Conselhos que são dados a partir do seu ponto de vista podem ser irrelevantes. A amiga também pode questionar onde você estava quando ela precisou que você estivesse lá.

18   Resposta: a
A sua intuição pode se mostrar totalmente equivocada, e responder com críticas rebaixa-o ao nível do crítico, numa situação em que você talvez nem seja o culpado. A única forma de manter o moral alto é acusar rapidamente o recebimento e enviar uma resposta ponderada, baseada em fatos.

19   Resposta: c
Pedidos de desculpa formais e com adendos são insatisfatórios. Engula o seu orgulho, reconheça o seu erro e peça desculpas.

20   Resposta: c
Pesar (Sinto muito, eu estava errada); Causa (Eu me esqueci que tinha atendido ao telefonema); e a Solução (Coloquei um bloco e uma caneta ao lado do telefone para que anotemos os recados) é o melhor e o mais rápido meio de consertar a situação. Lembre-se do PCS.

21   Resposta: b

Falar pelas costas dele é covardia, e criticá-lo em público pode dar a você uma satisfação passageira, mas vai prejudicar a sua integridade. Lembre-se de criticar em particular e elogiar em público ... e não o contrário.

Resultado: um ponto para cada resposta correta

21—16 pontos: Você tem muita integridade e sabe se posicionar bem.

15—10 pontos: Há muito que melhorar na questão da honestidade e do comprometimento das palavras.

9—5 pontos: Releia este livro assim que possível.

4—0 pontos: Não se mexa. Não fale com ninguém. Eu vou lhe mandar um exemplar para você memorizar.